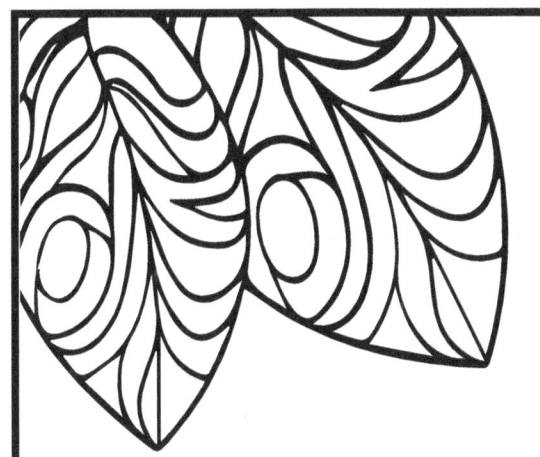

ANIMALI, MANDALA E DISEGNI RILASSANTI DA COLORARE

Libro da colorare per adulti

da

CREATIVE PAPER

© Copyright 2020 Creative Paper

Tutti i diritti sono riservati.
È vietata la riproduzione anche parziale dell'opera, in ogni forma e con ogni mezzo, inclusi la fotocopia, la registrazione e il trattamento informatico, senza l'autorizzazione del possessore dei diritti.

UN REGALO TI STA ASPETTANDO!

SEGUICI SU

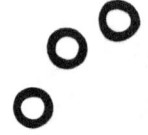 creativepaperbooks  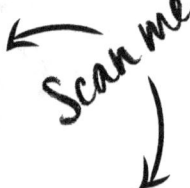 *Scan me*

 www.facebook.com/creativepaperbooks

E CONDIVIDI I TUOI LAVORI CON NOI SU

www.facebook.com/groups/creativepaperartworkgroup

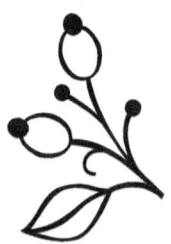  *Scansionami*

Contattaci su Messenger, in DM o inviaci una e-mail a creativepaperbooks@gmail.com

ti invieremo una simpatica sorpresa da stampare!

La terapia del colore è essenziale per **alleviare** lo **stress** e riportare la calma in un **mondo caotico** e **stressante** come il nostro.

QUESTO LIBRO APPARTIENE A:

....

Ti consigliamo di **mettere** un **cartoncino rigido** sotto la pagina da colorare per preservare il disegno successivo.

Buona colorazione!

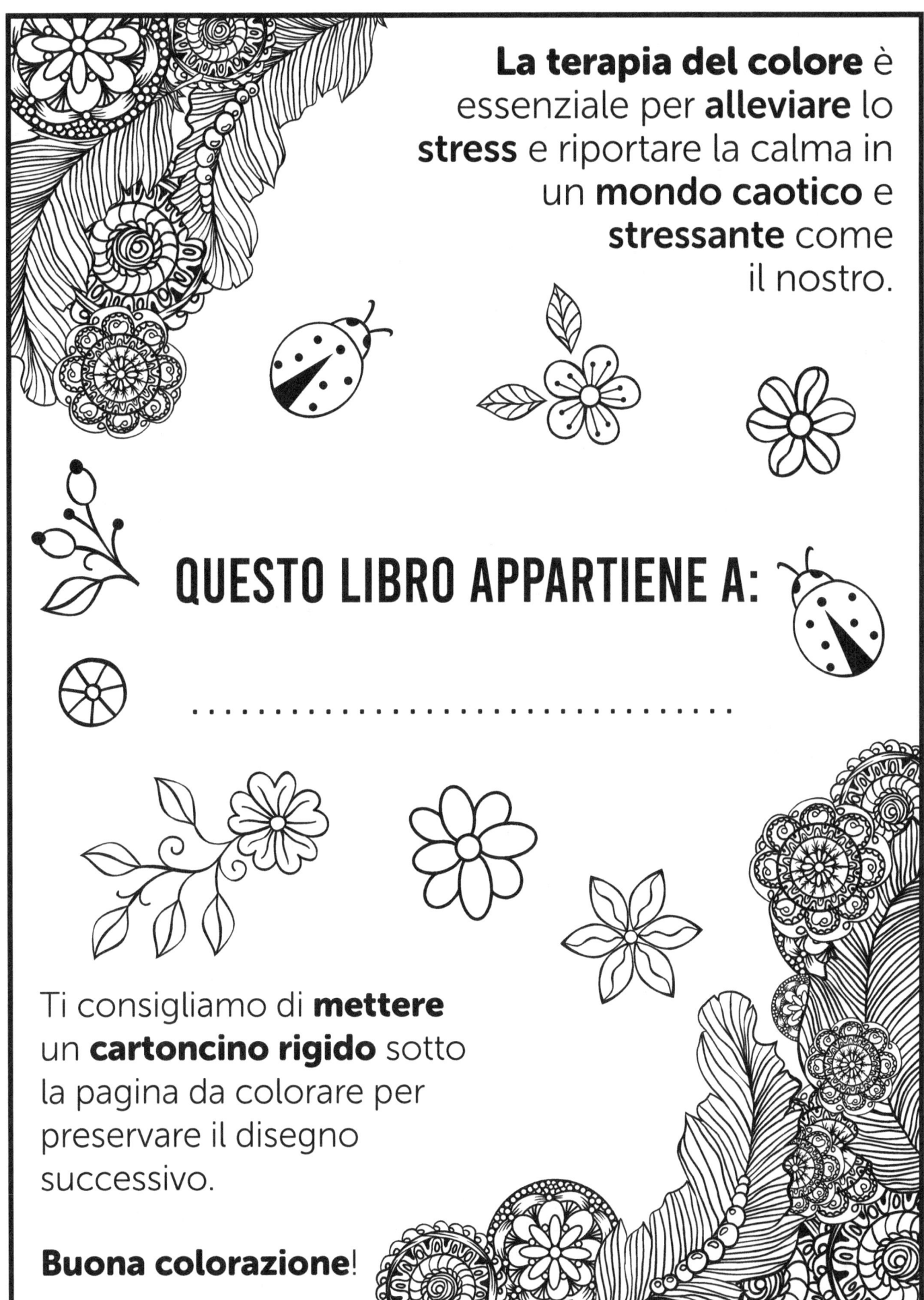

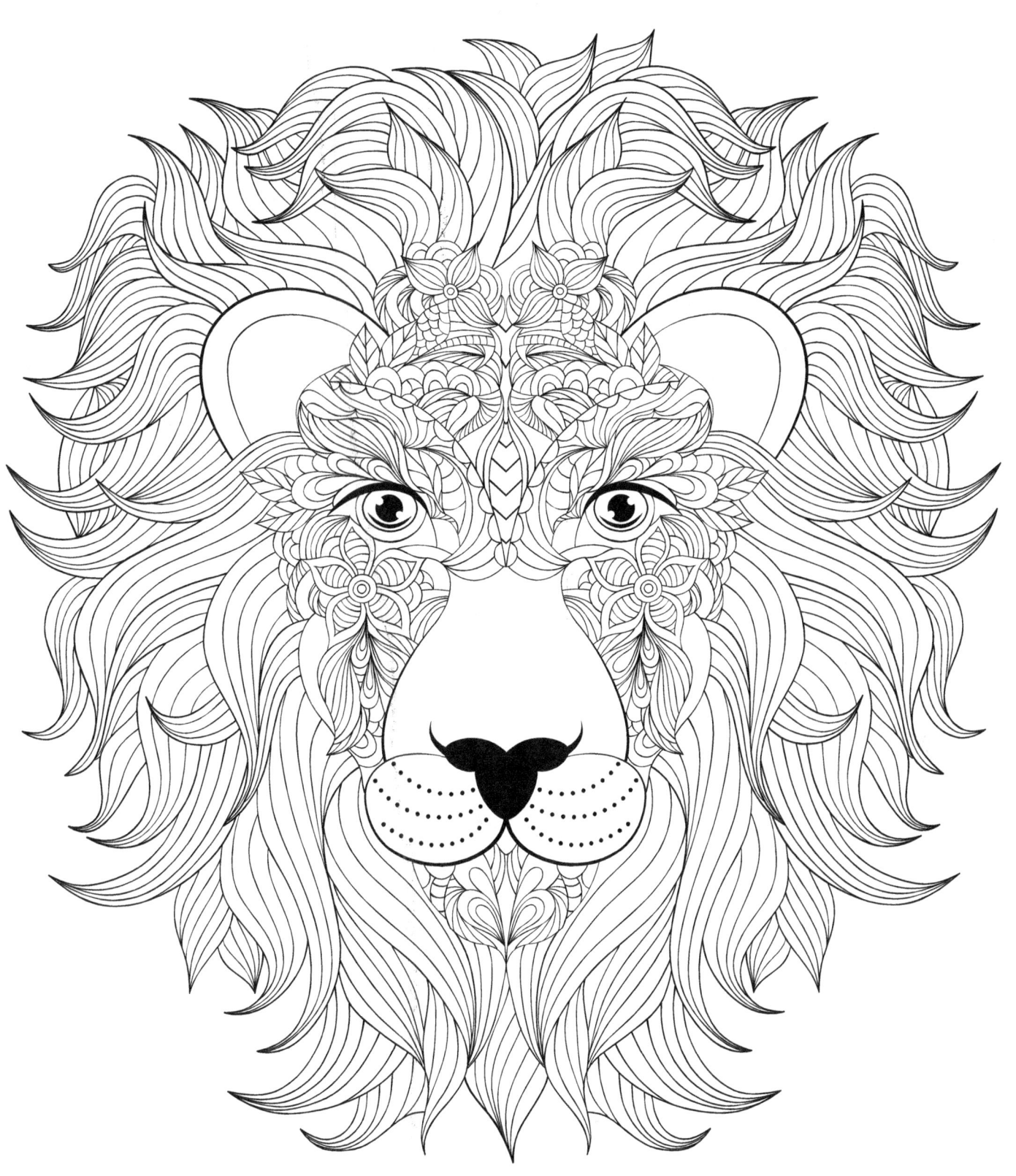

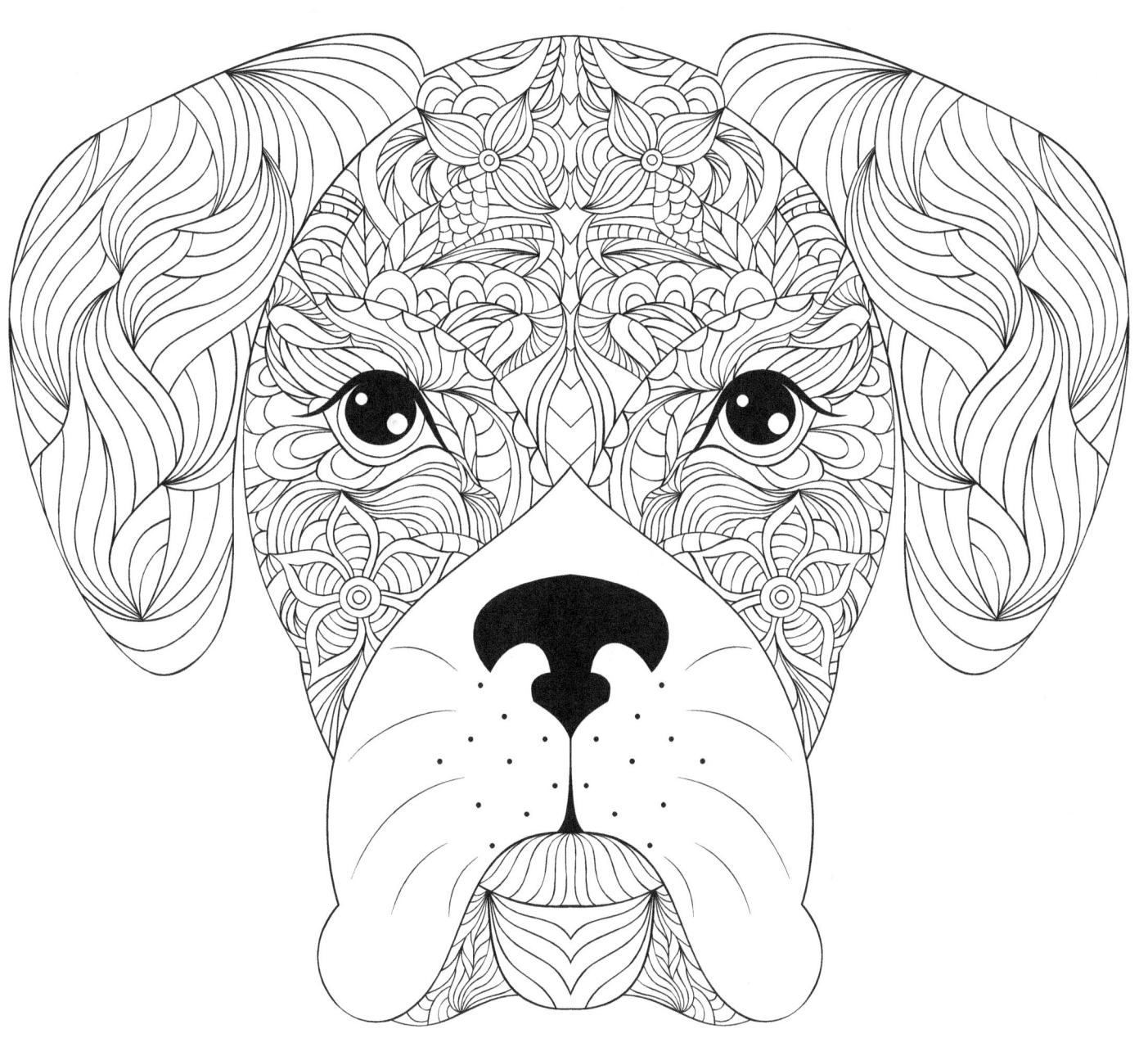

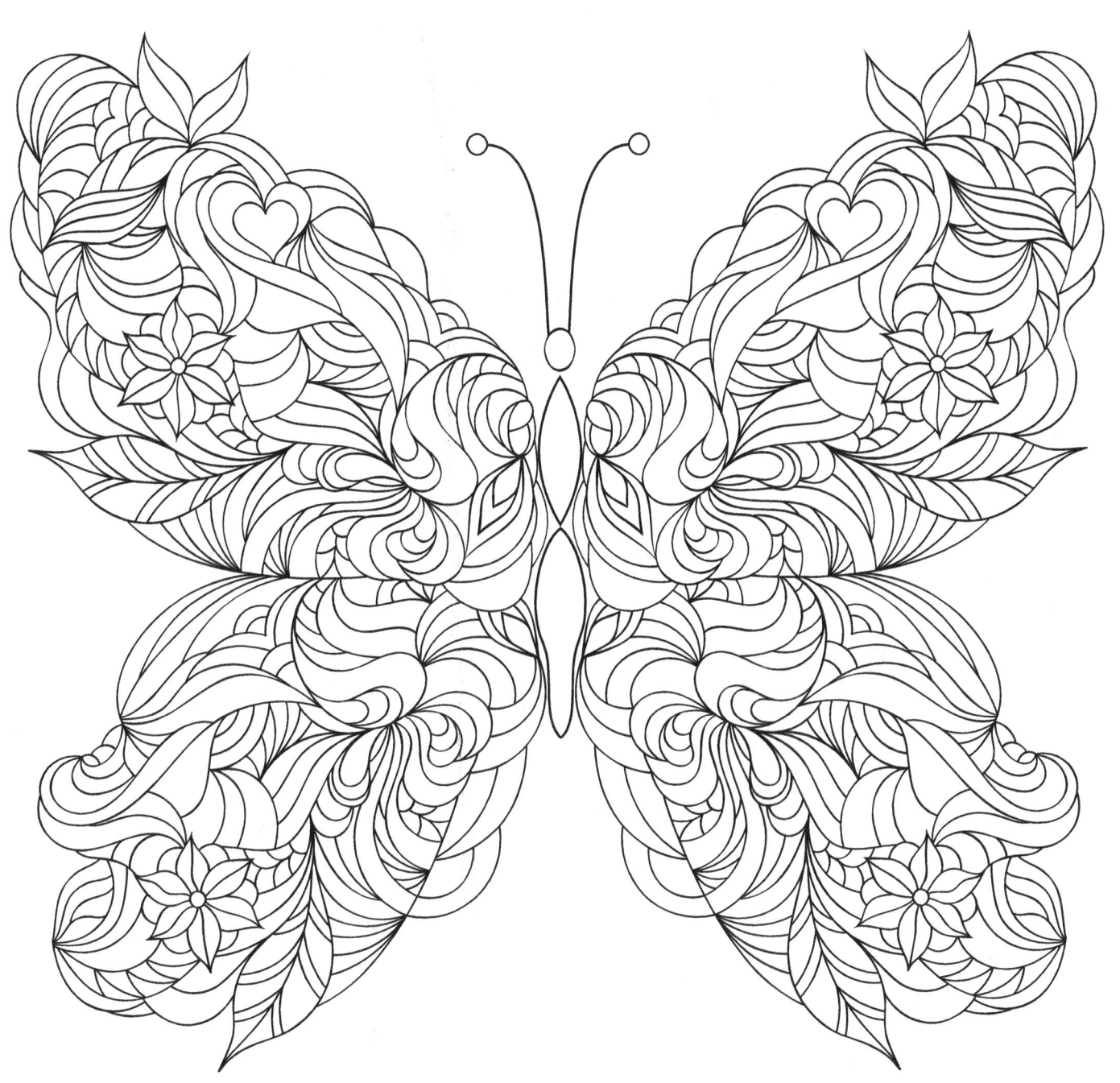

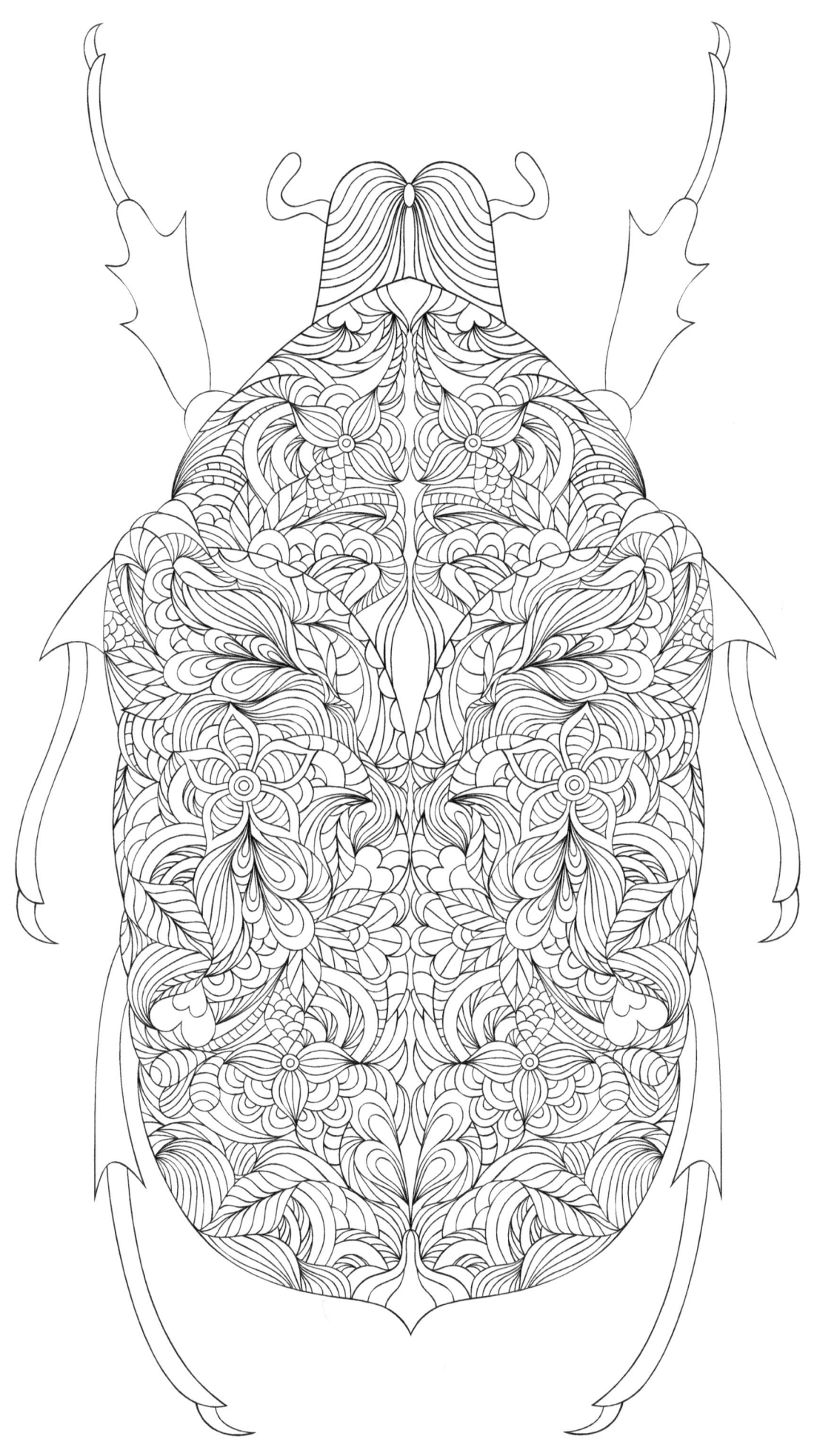

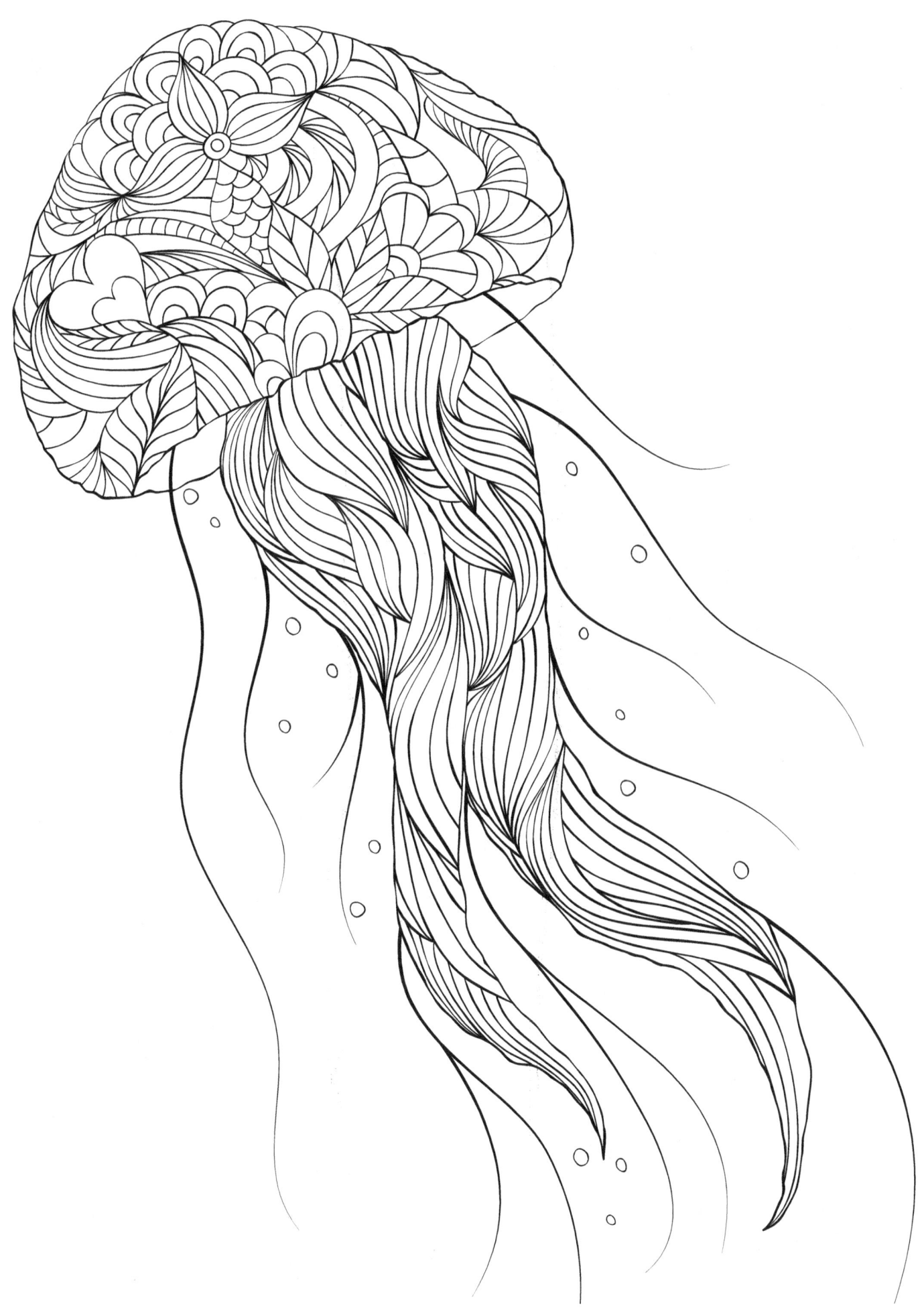

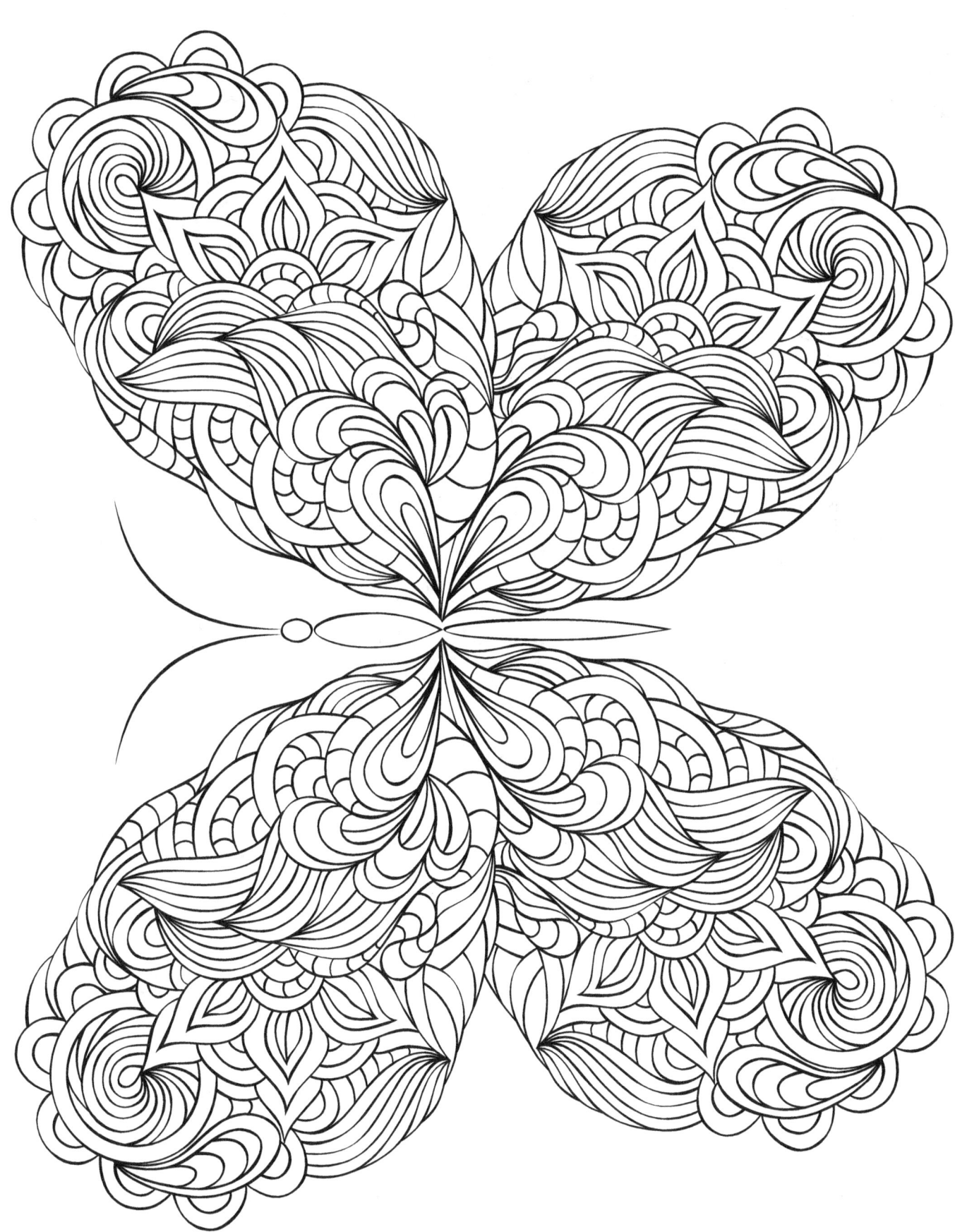

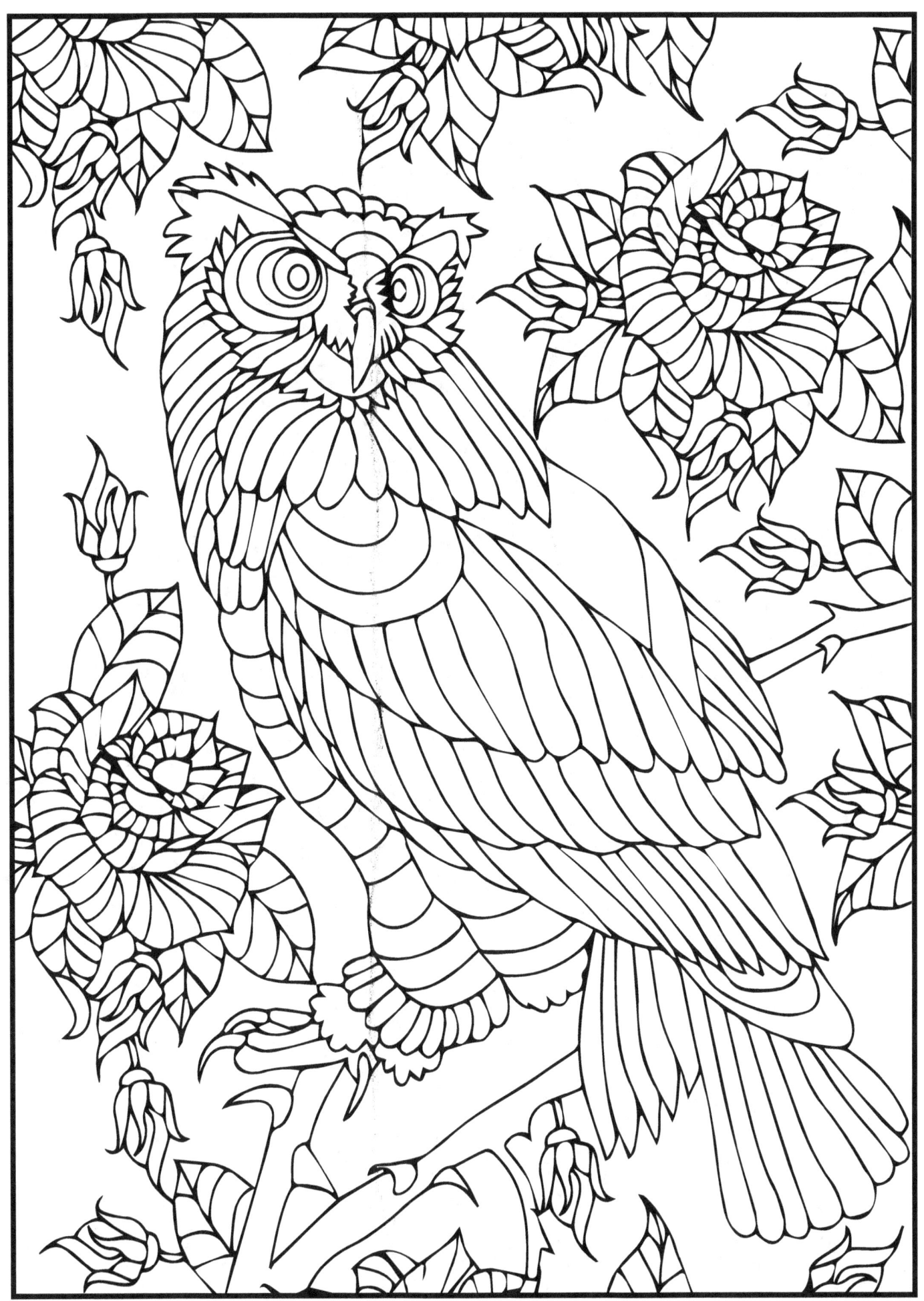

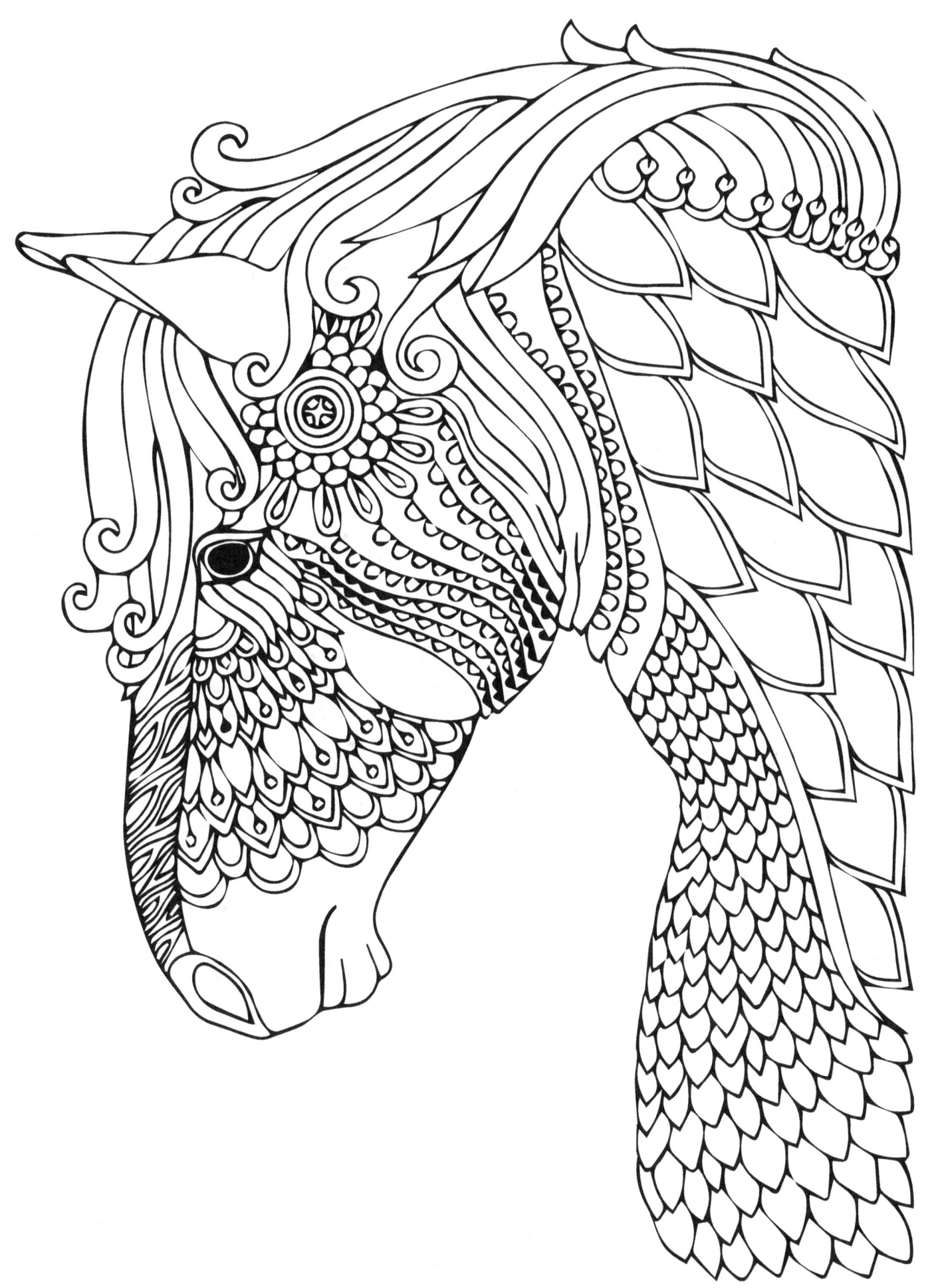

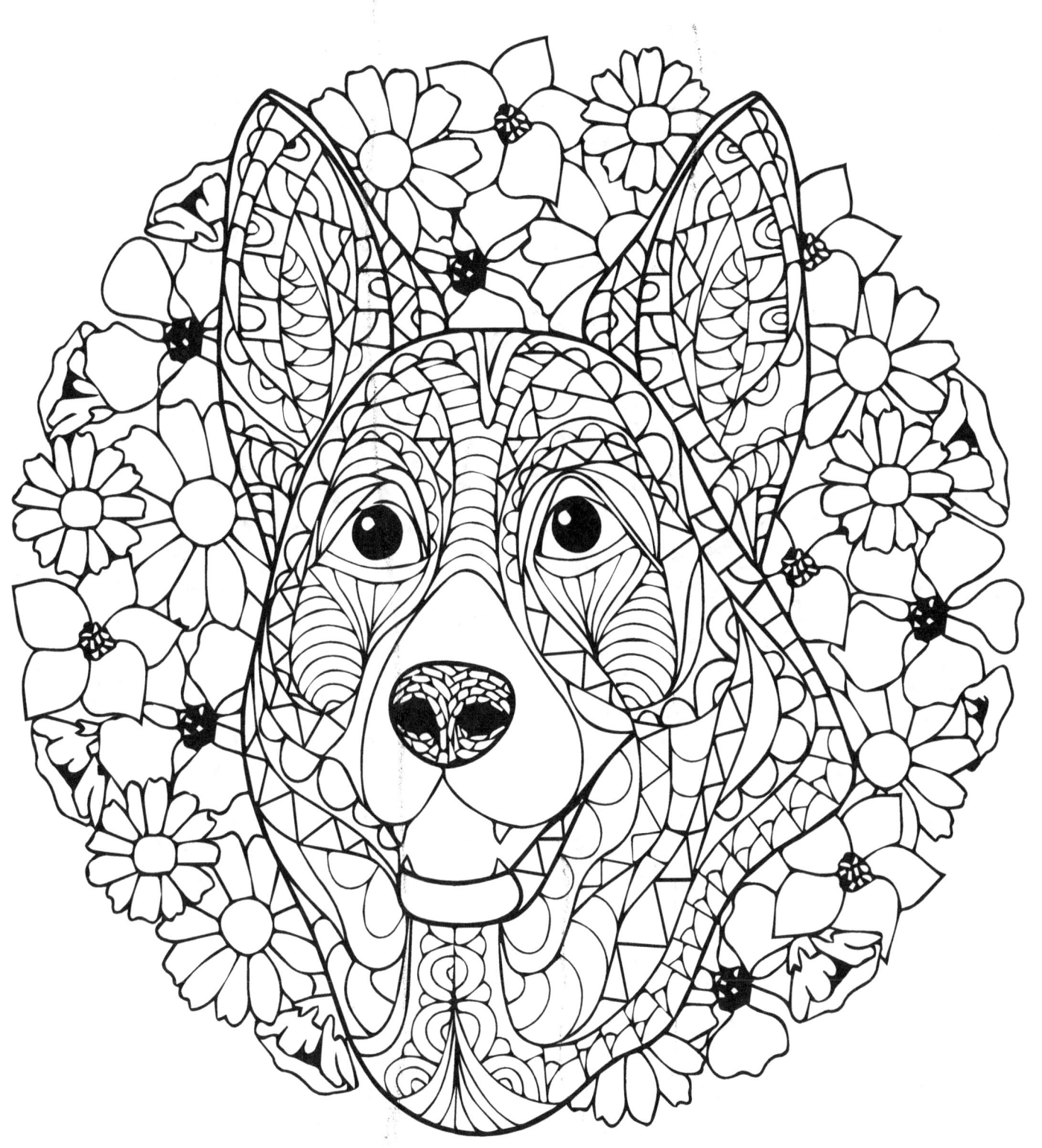

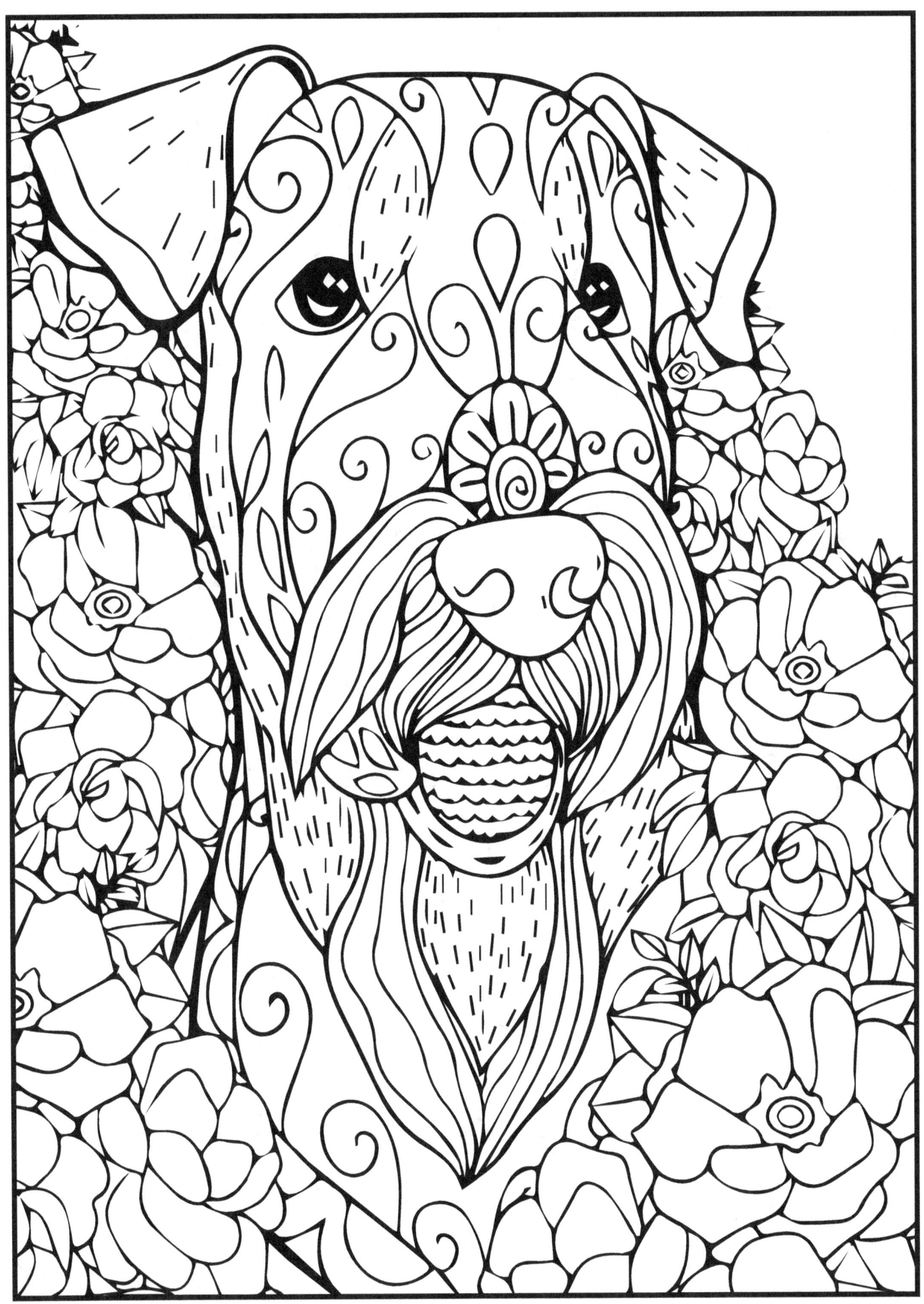

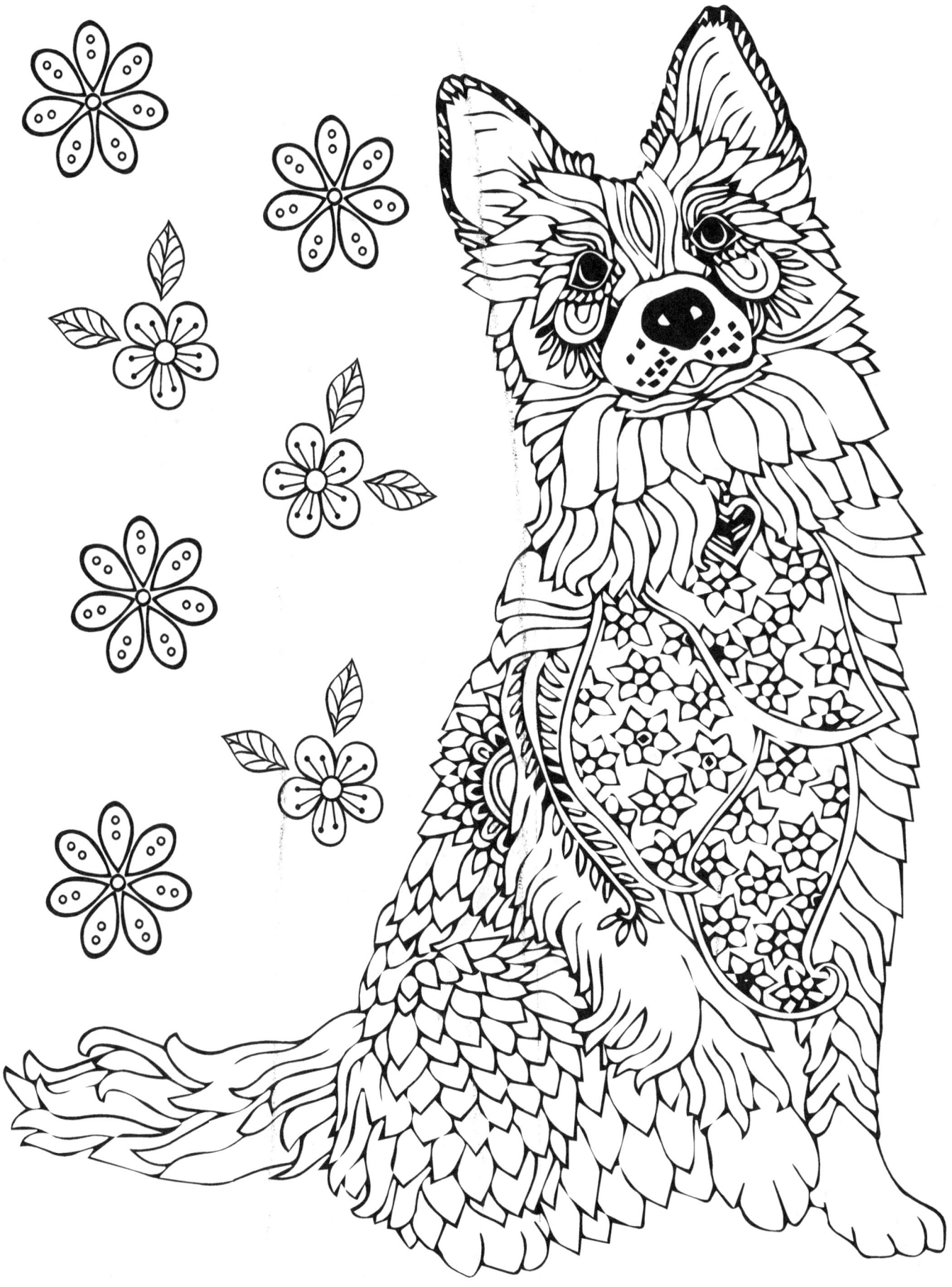

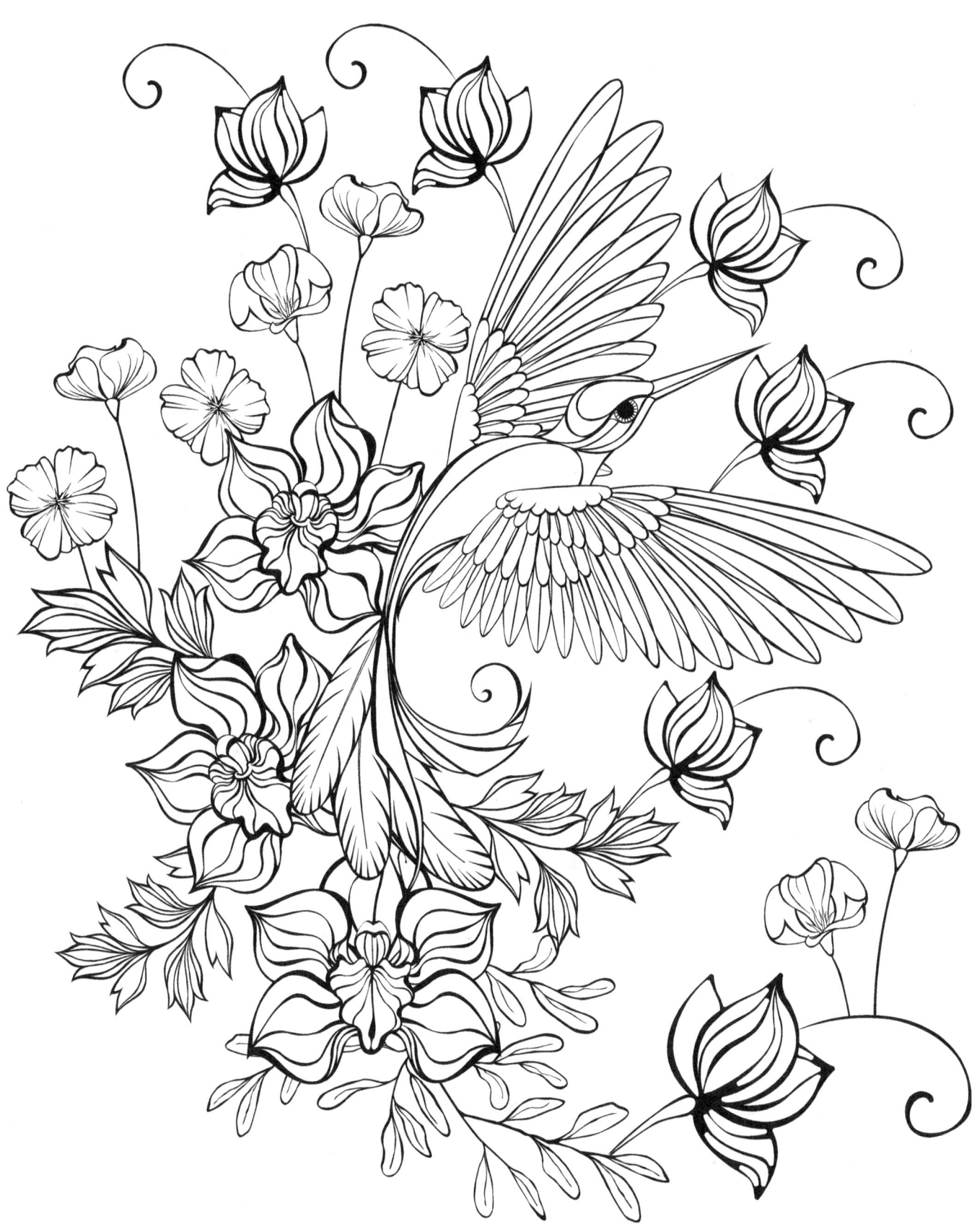

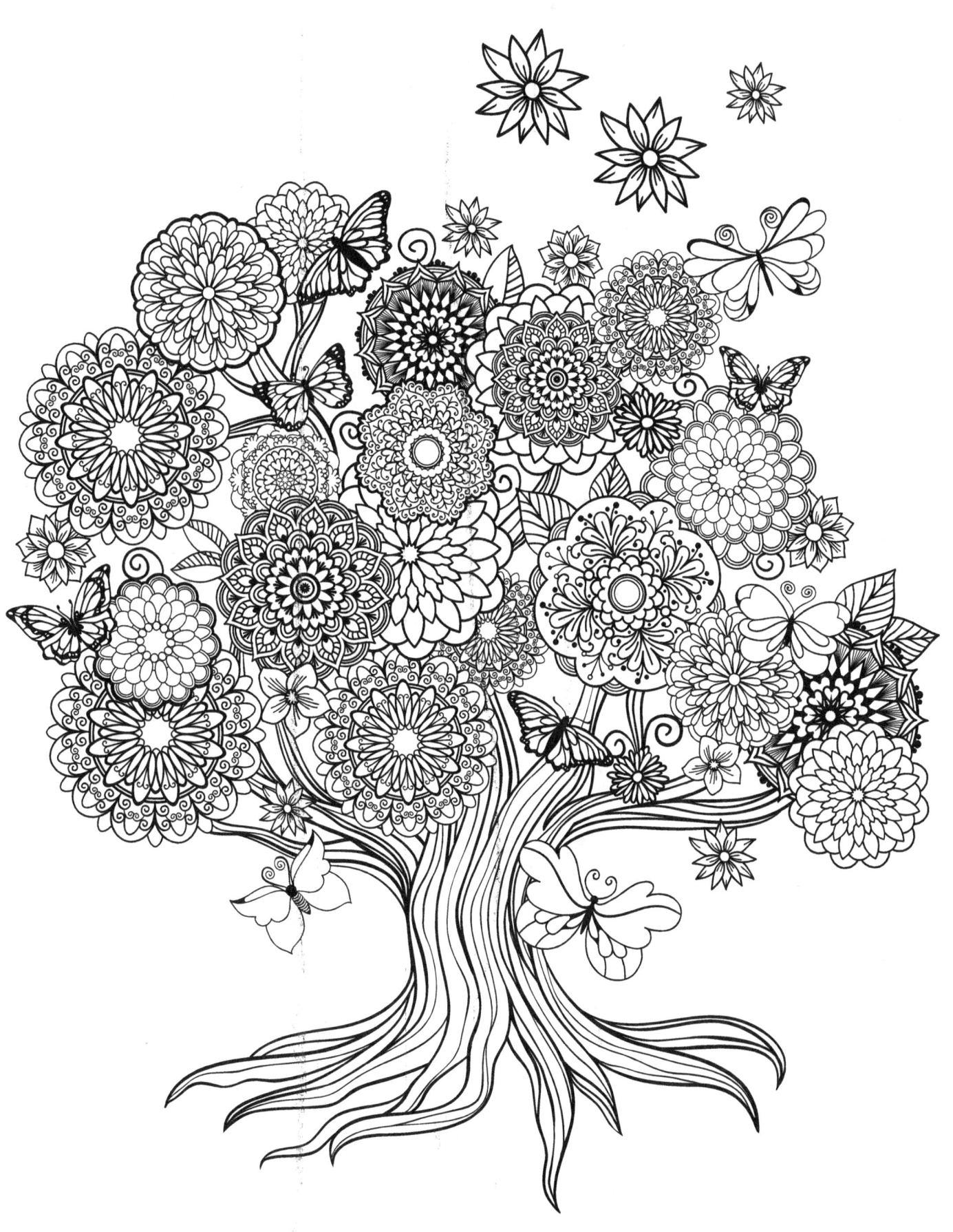

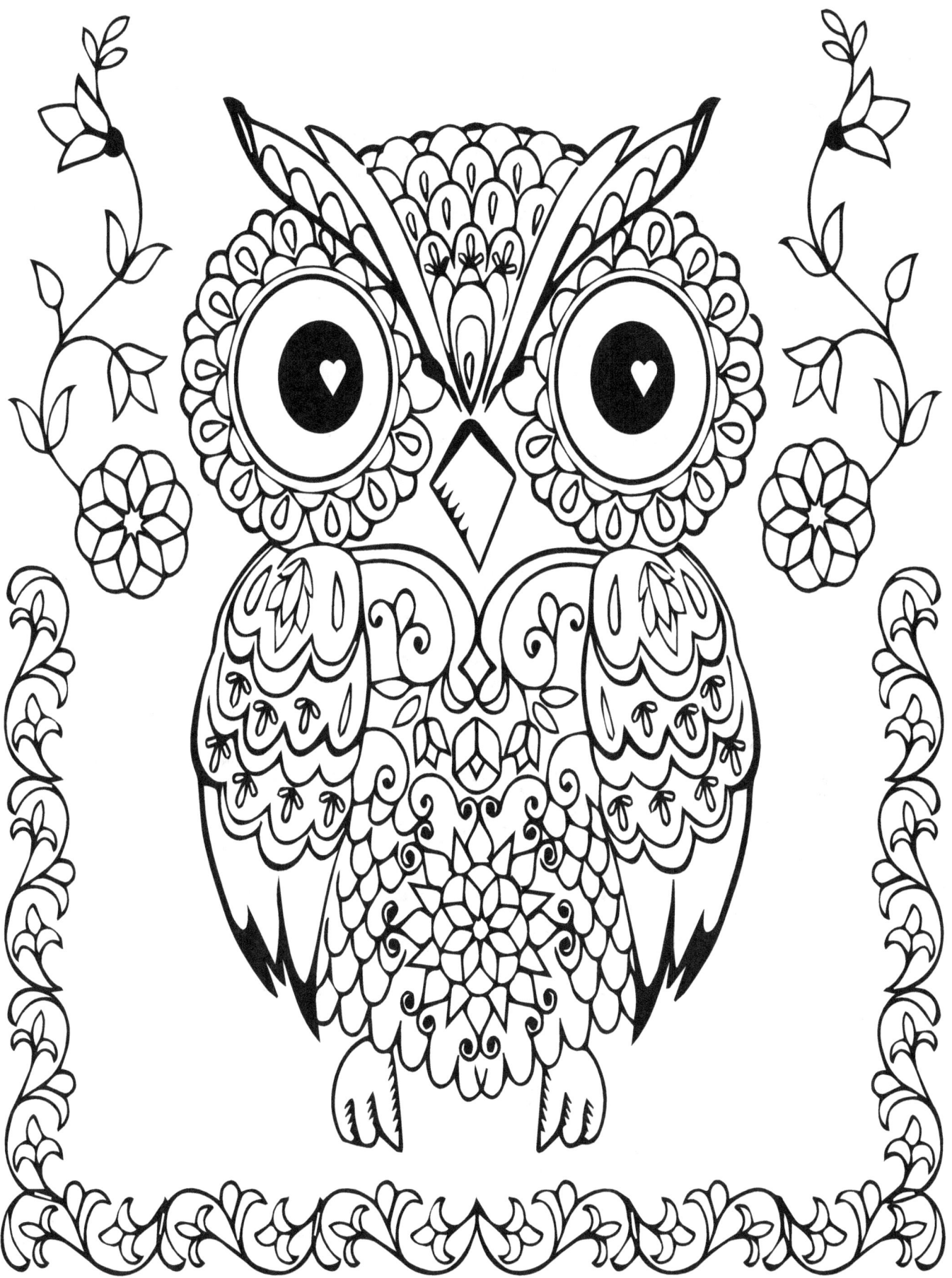

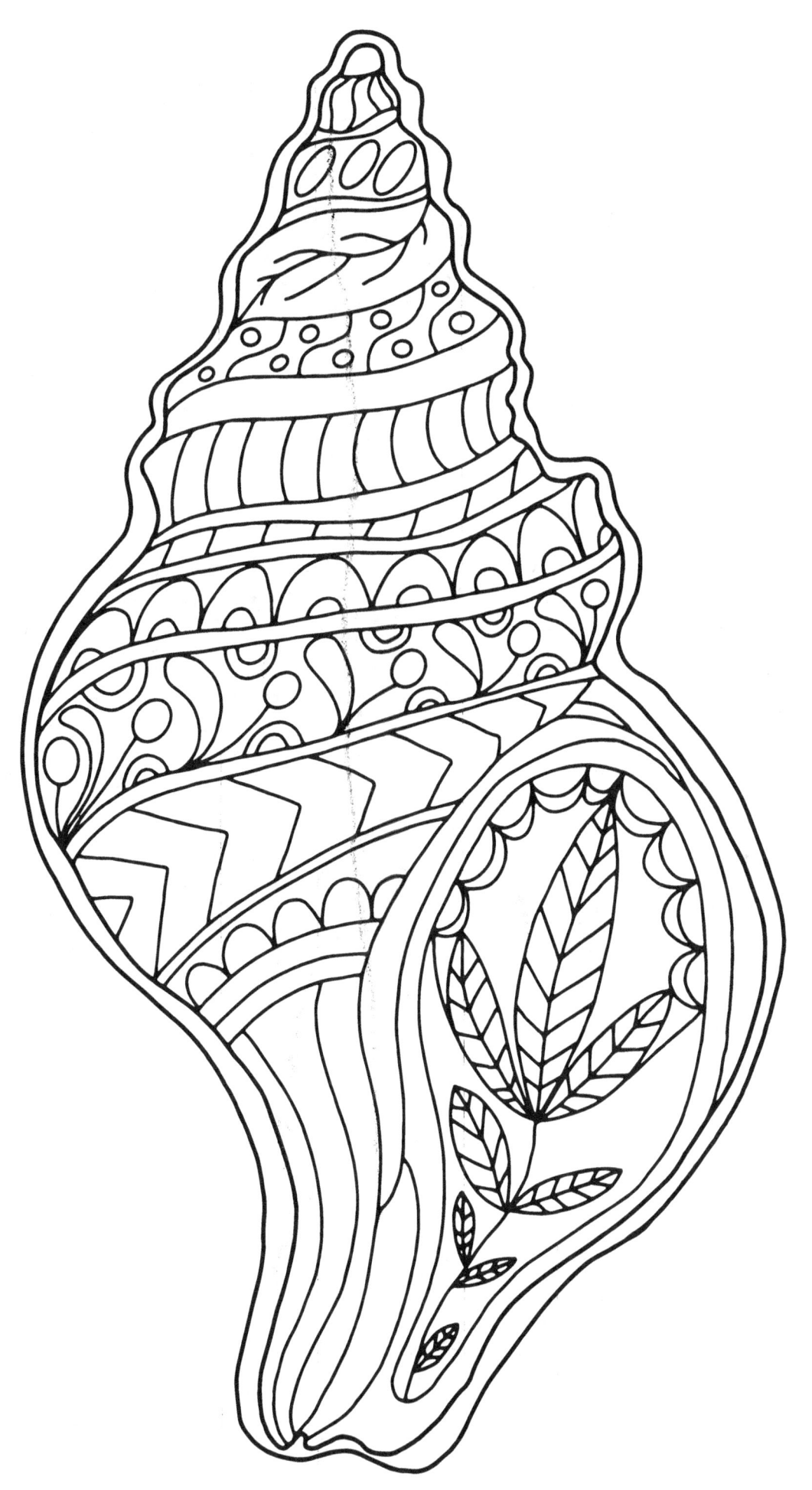

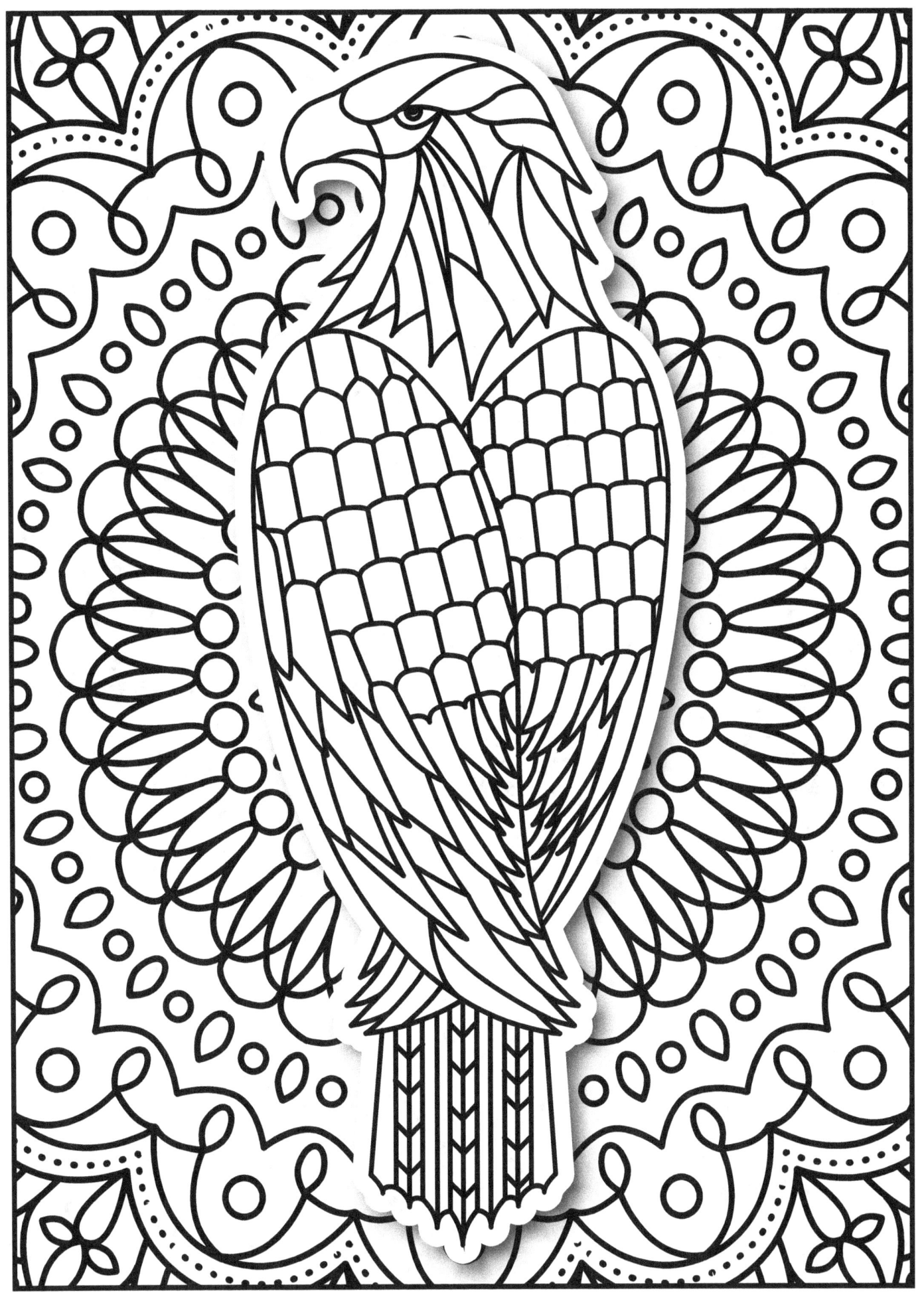

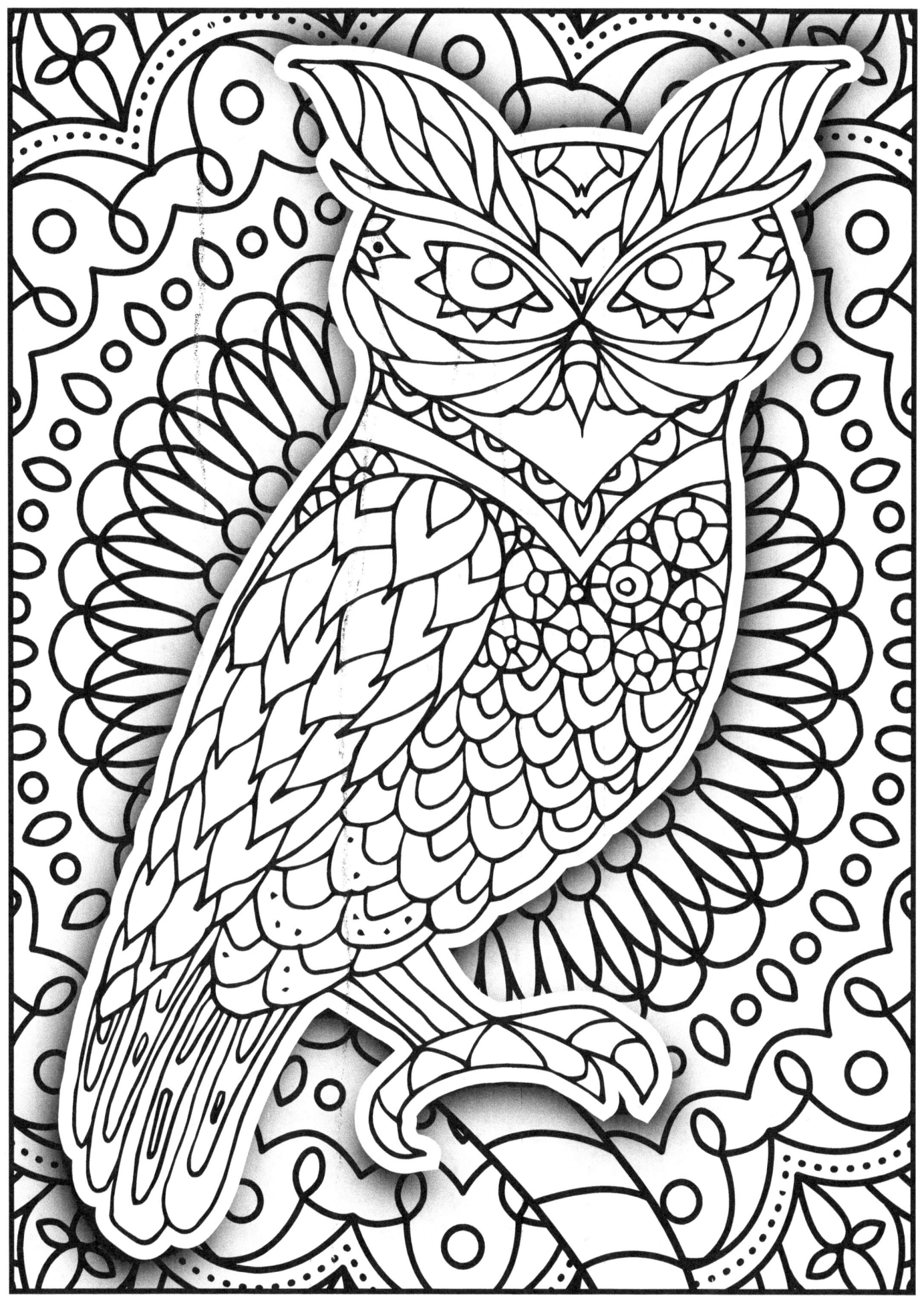

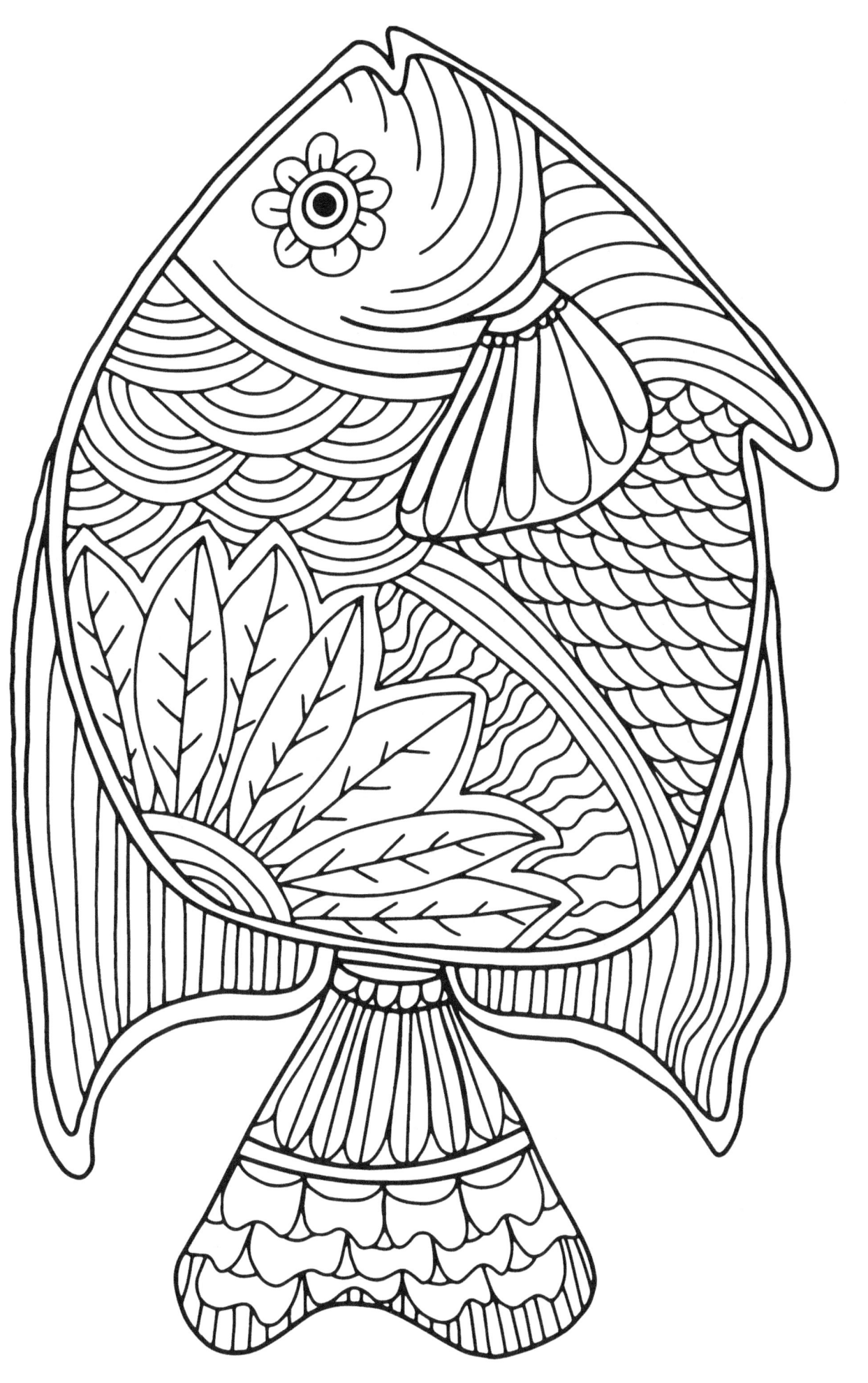

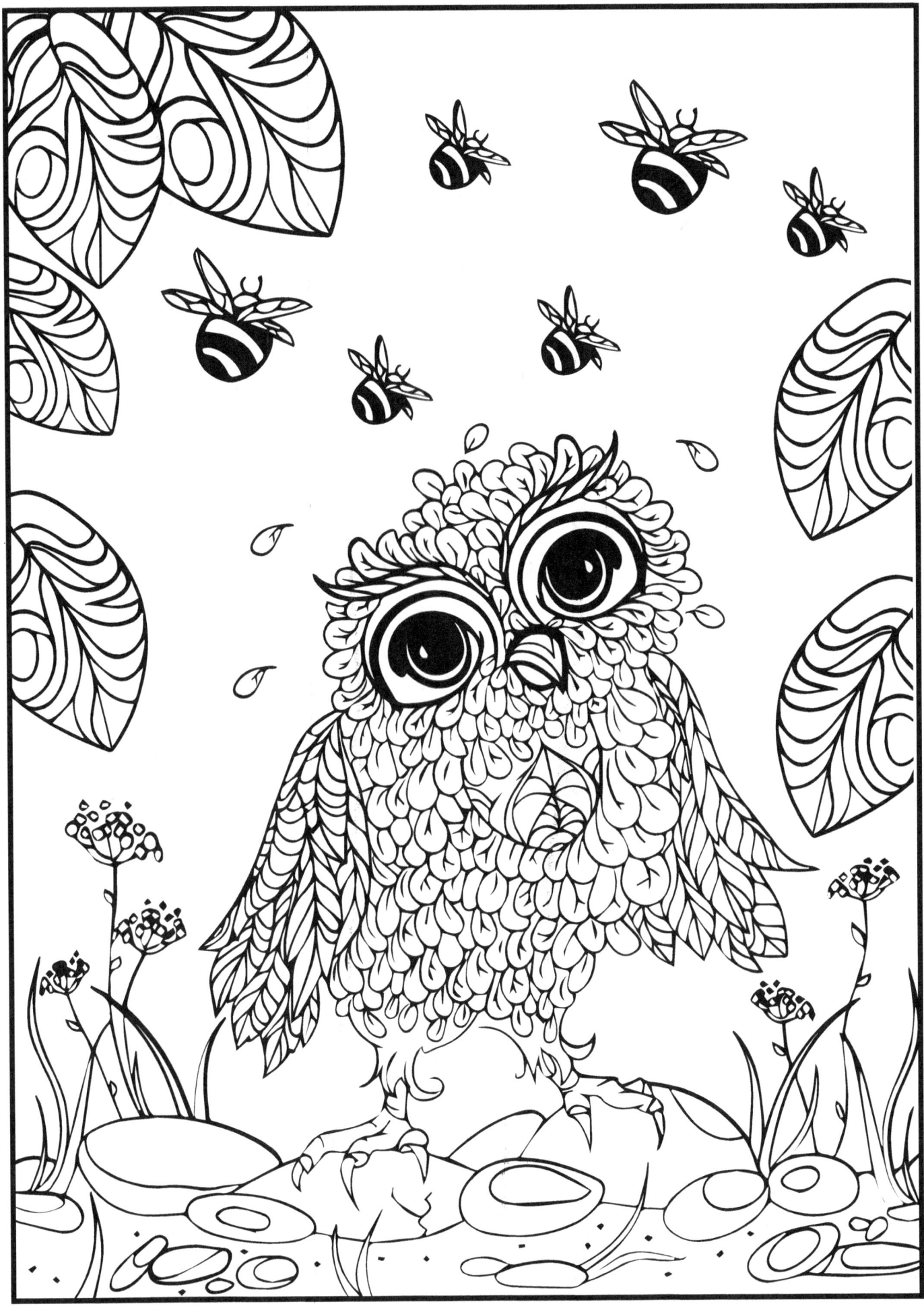

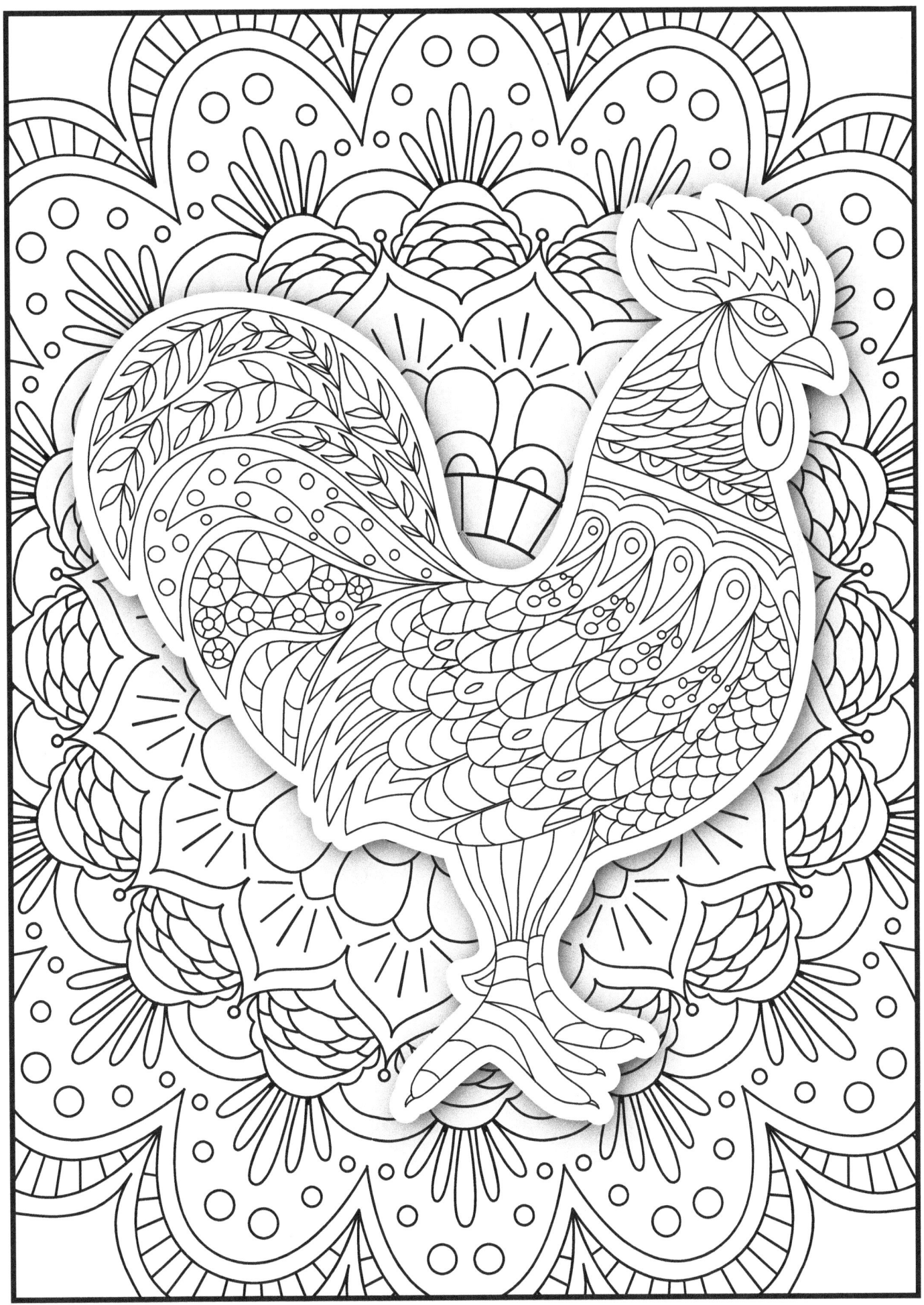

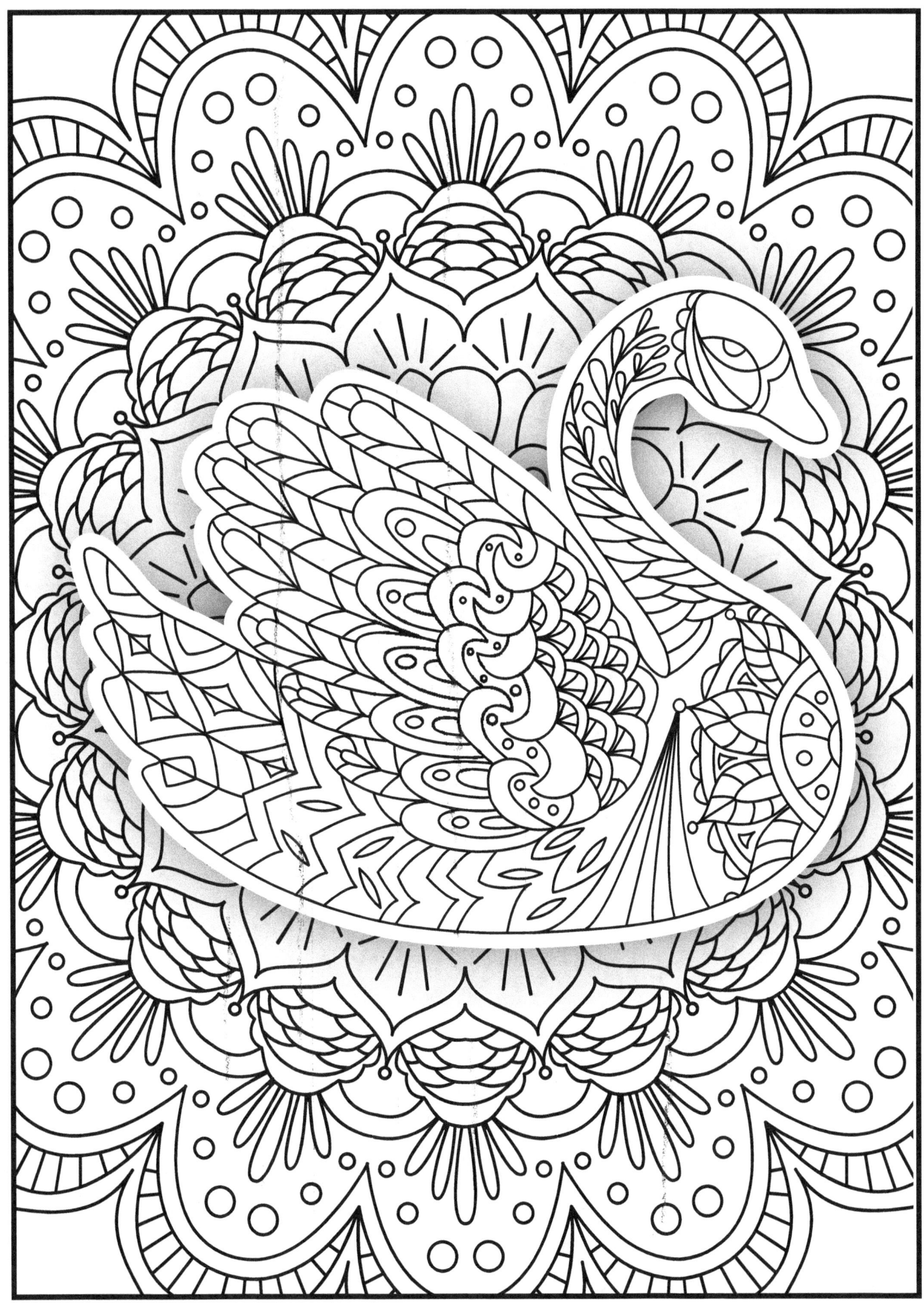

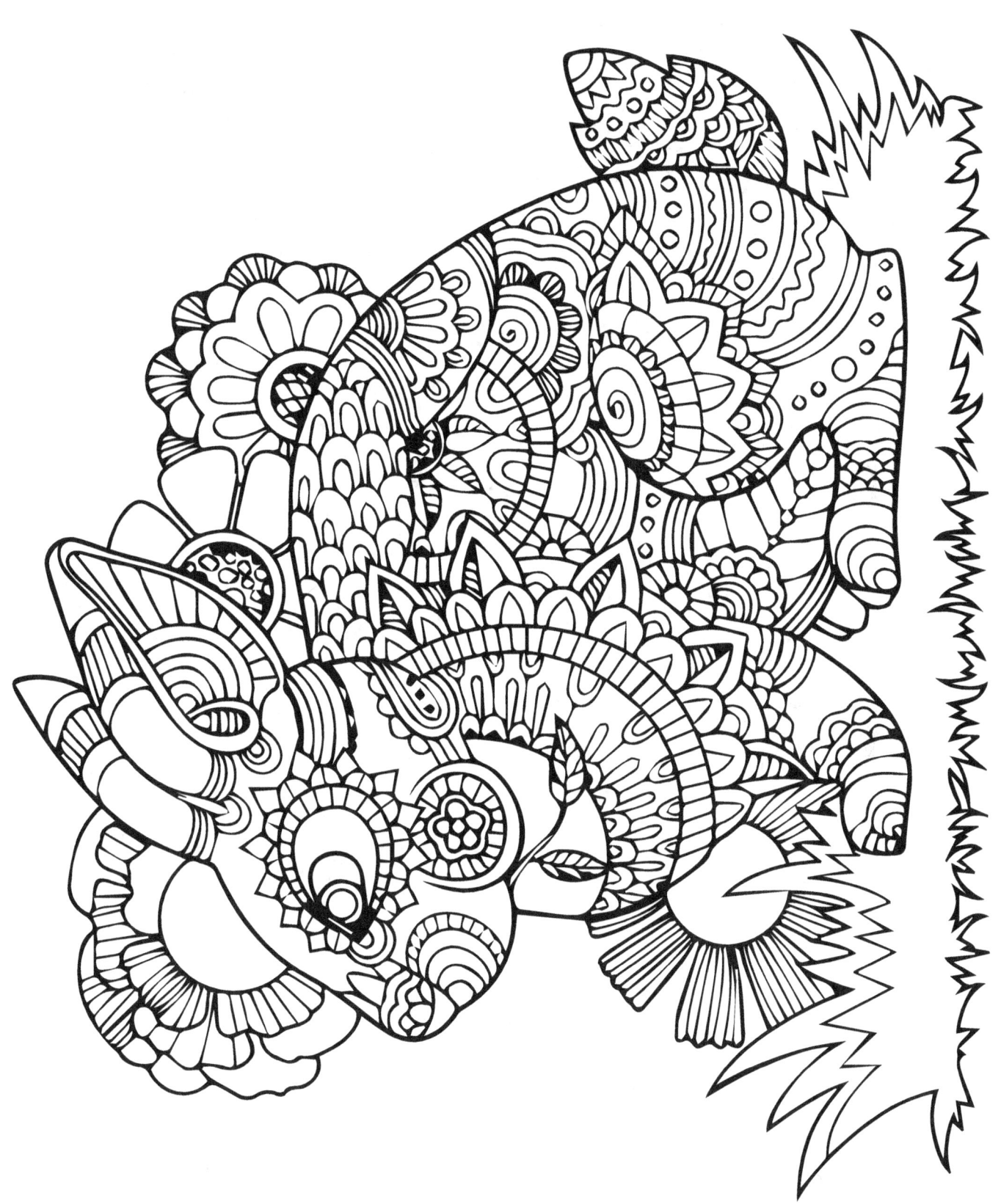

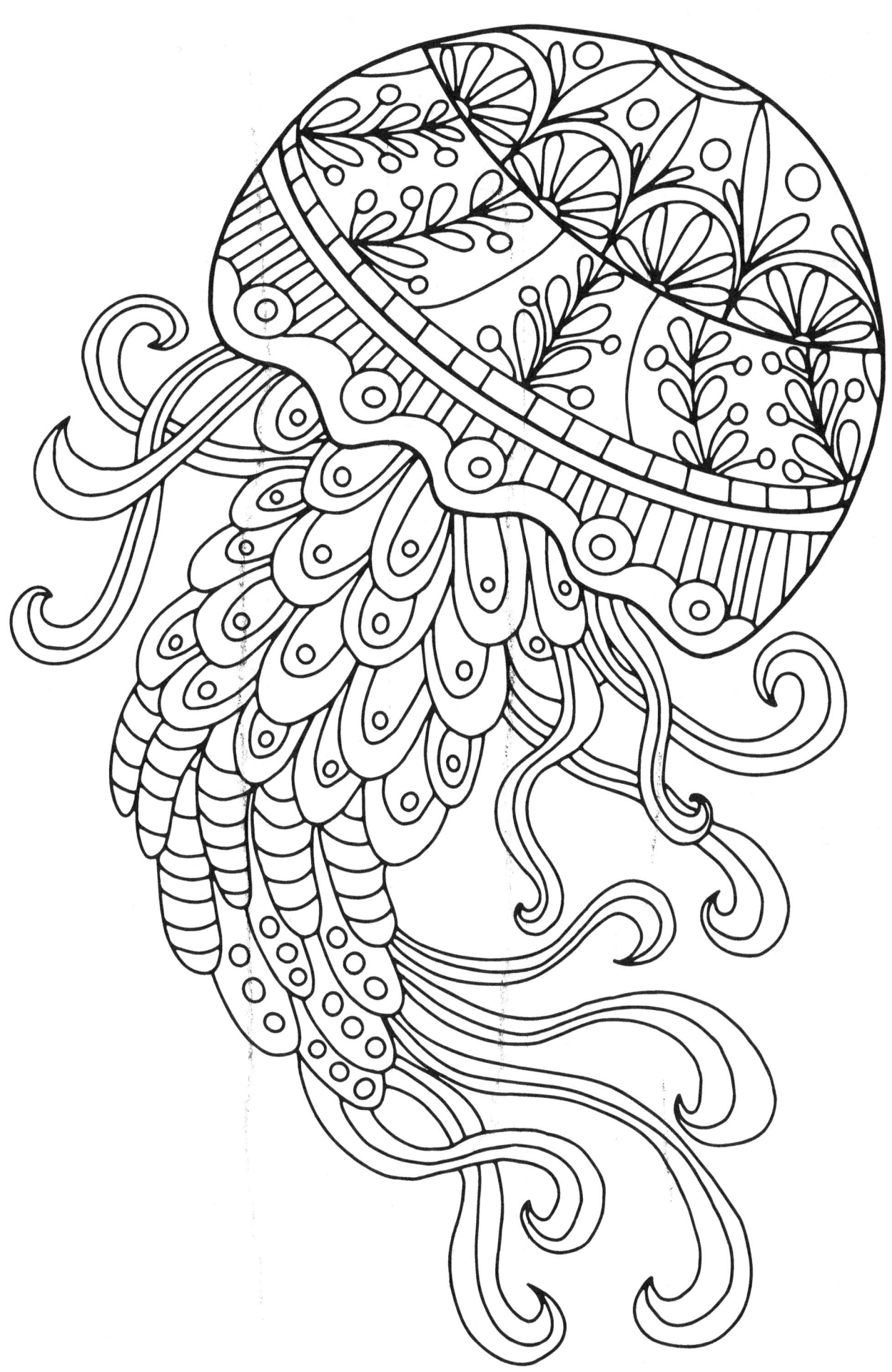

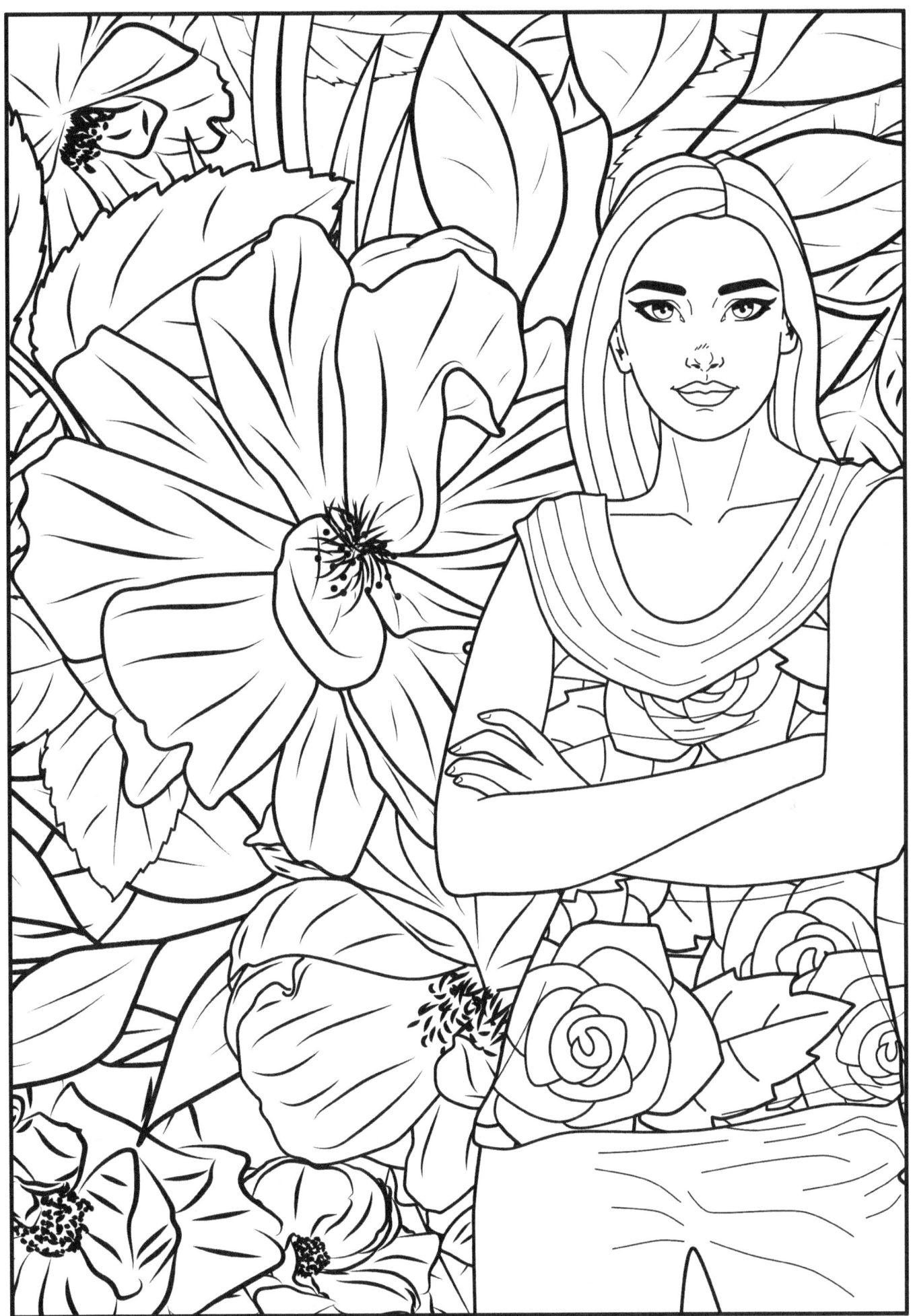

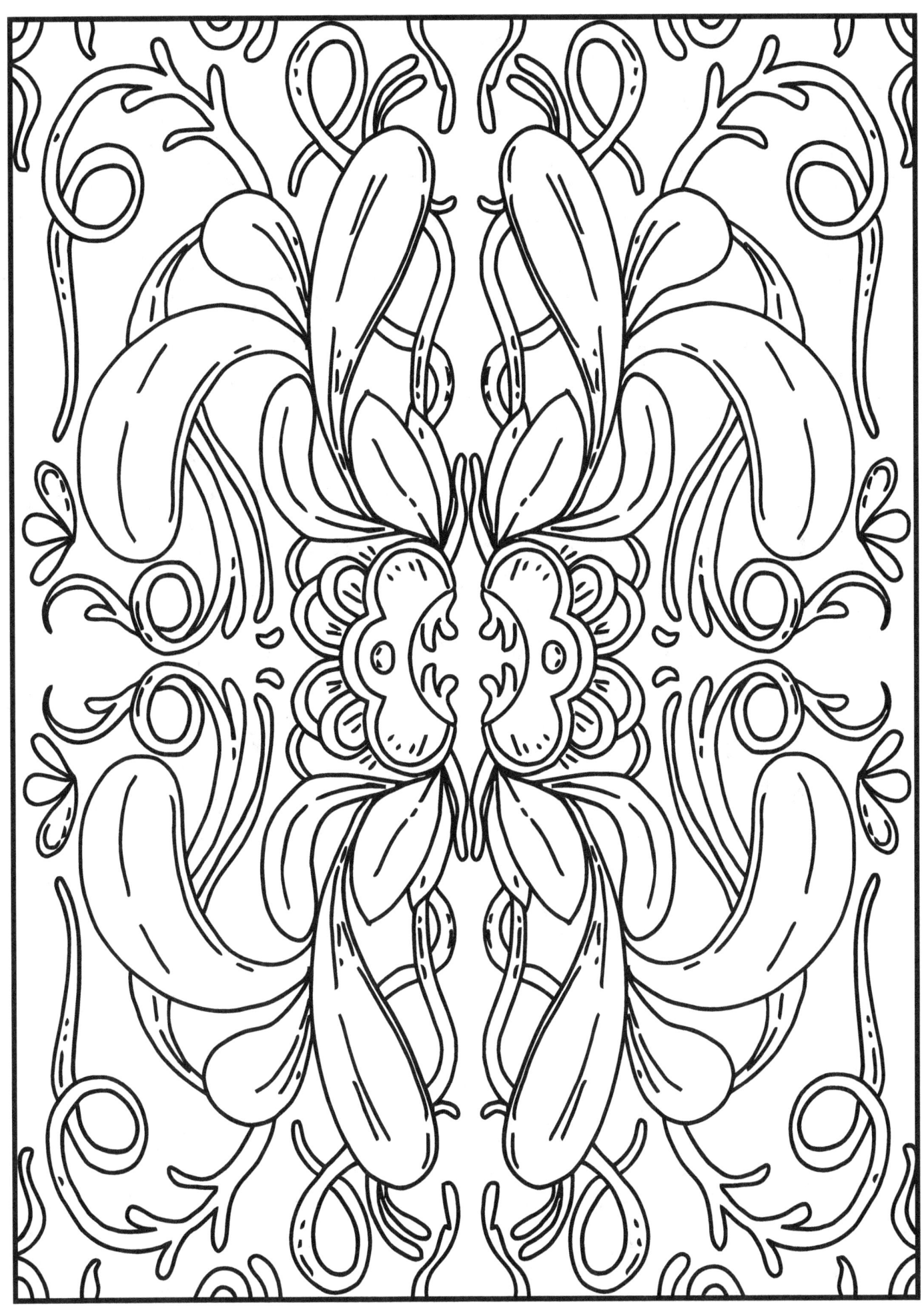

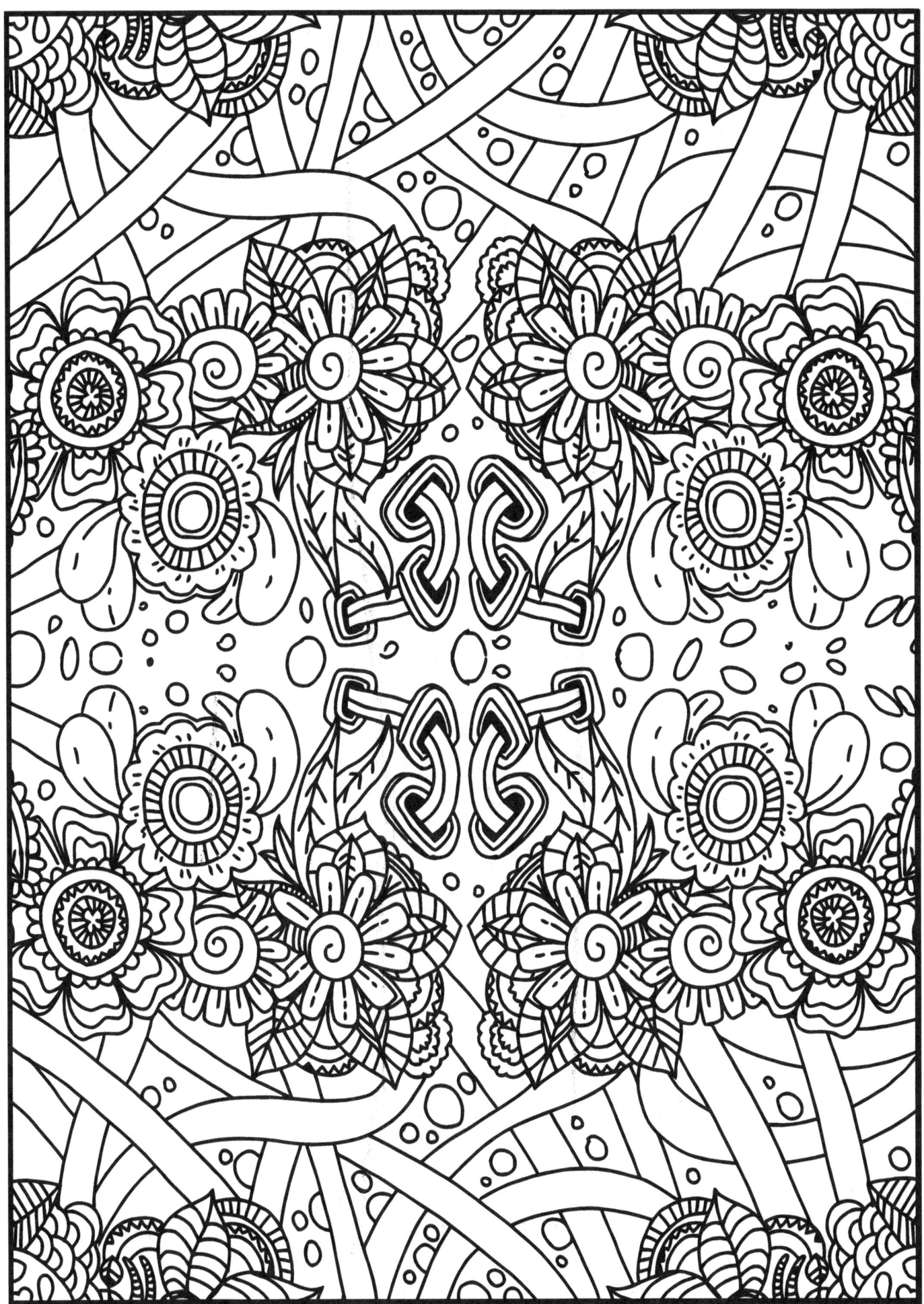

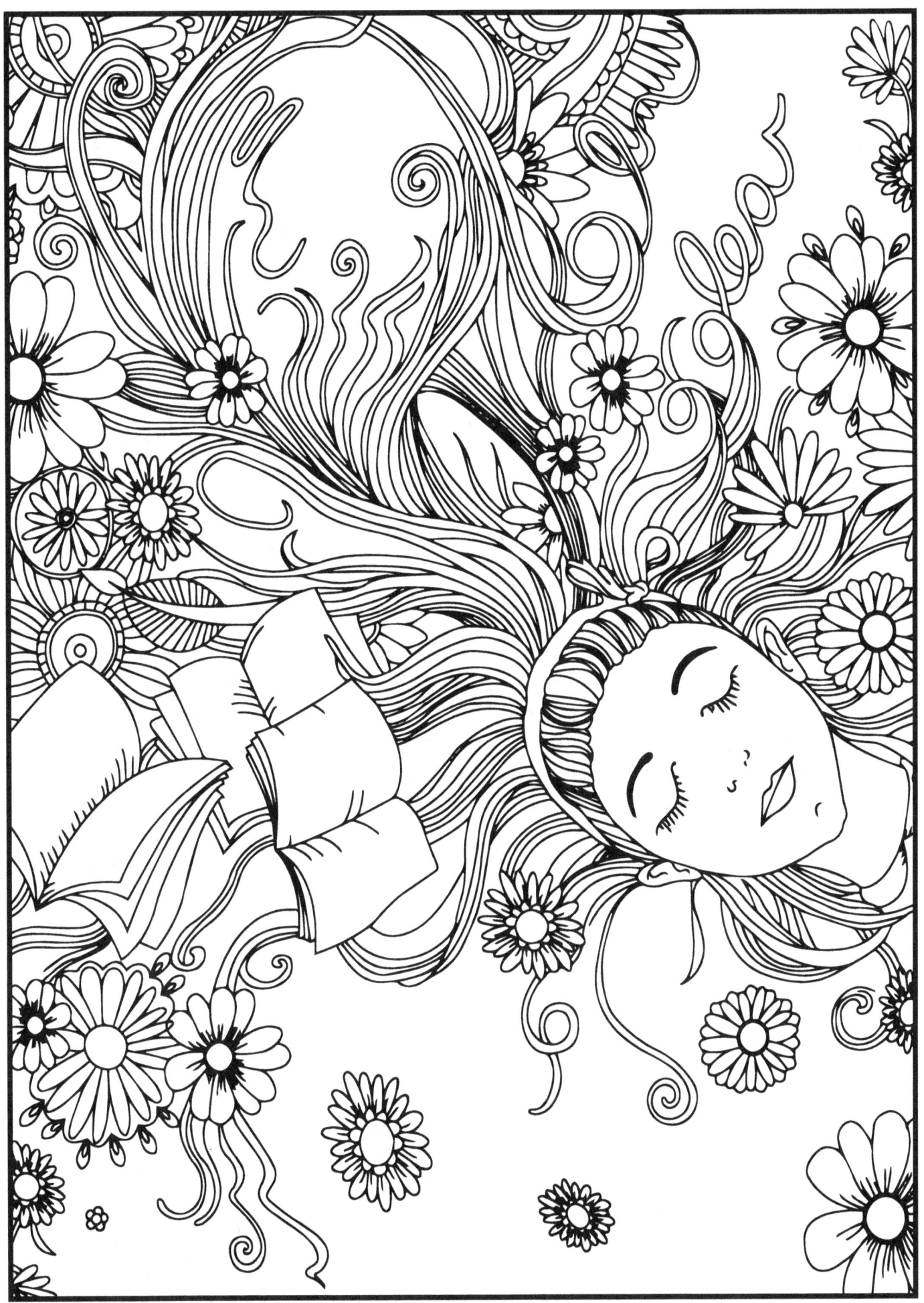

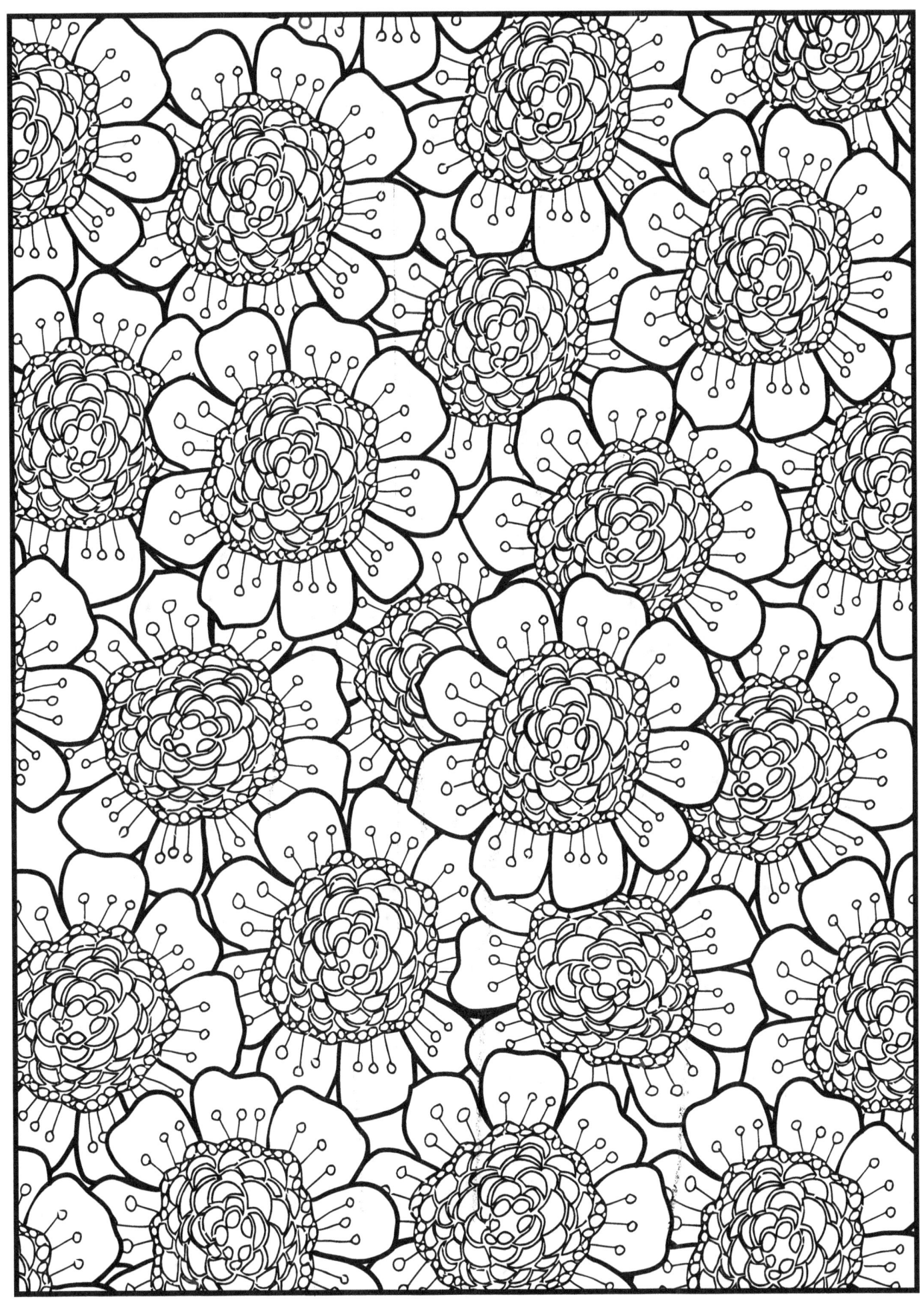

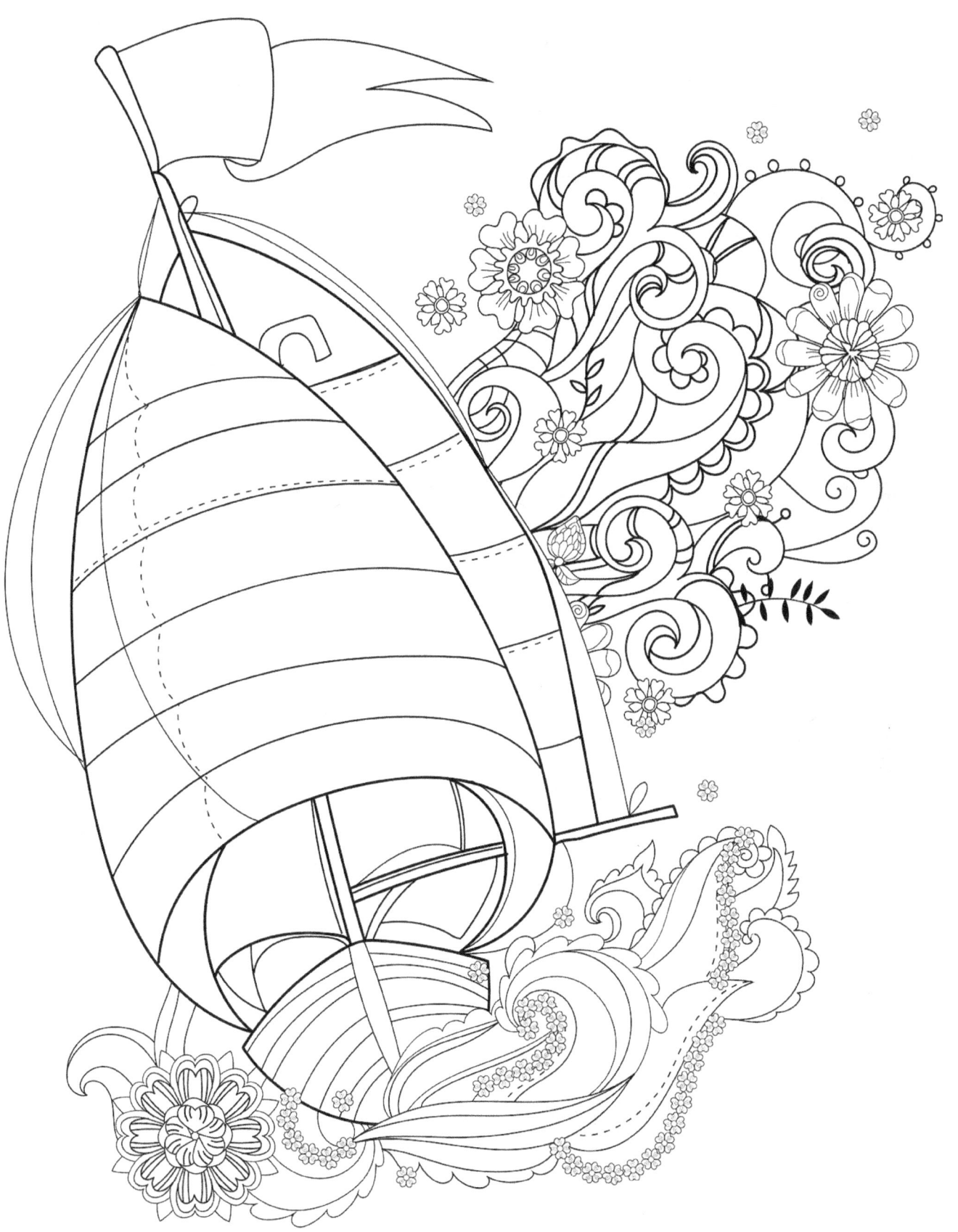

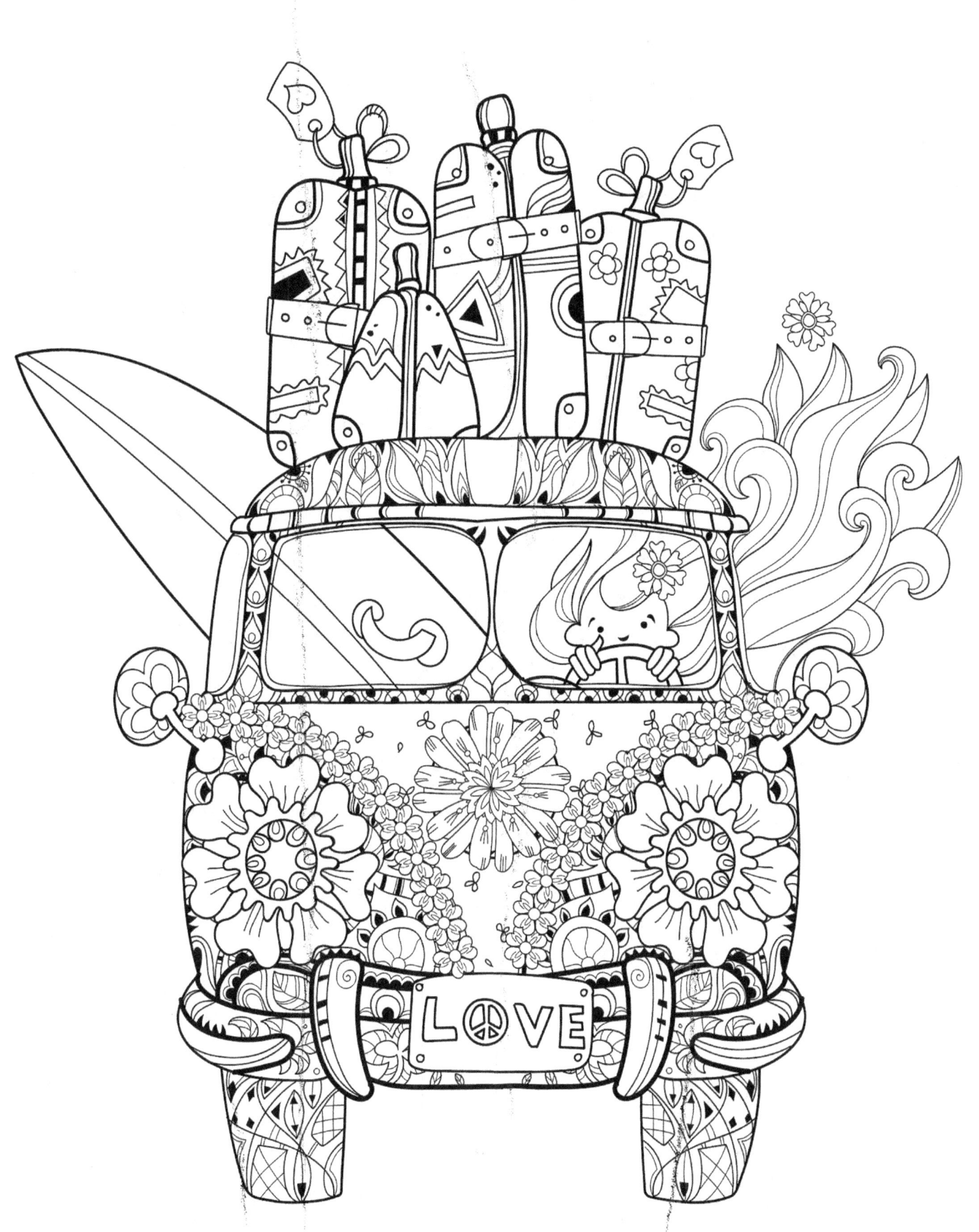

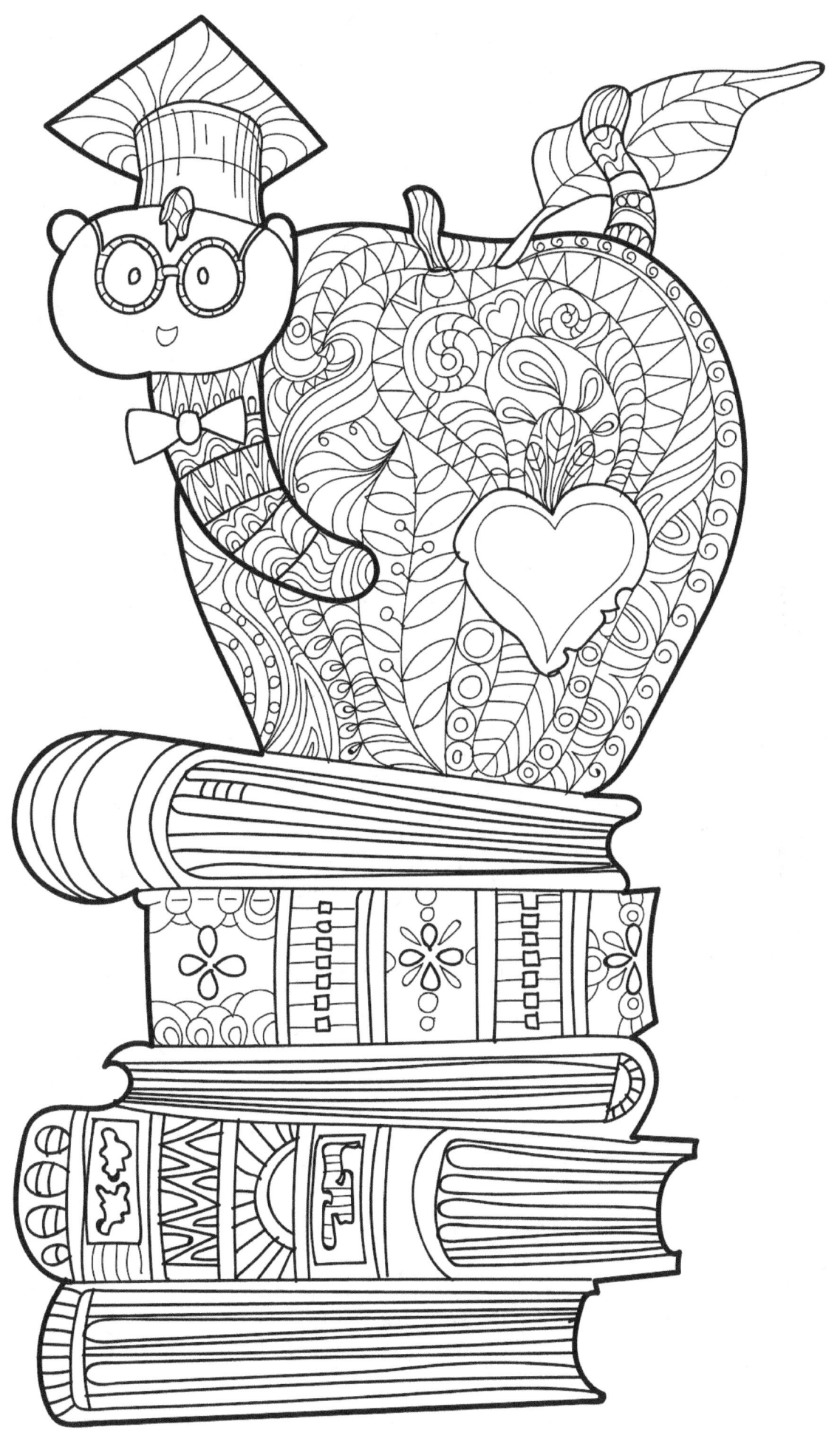

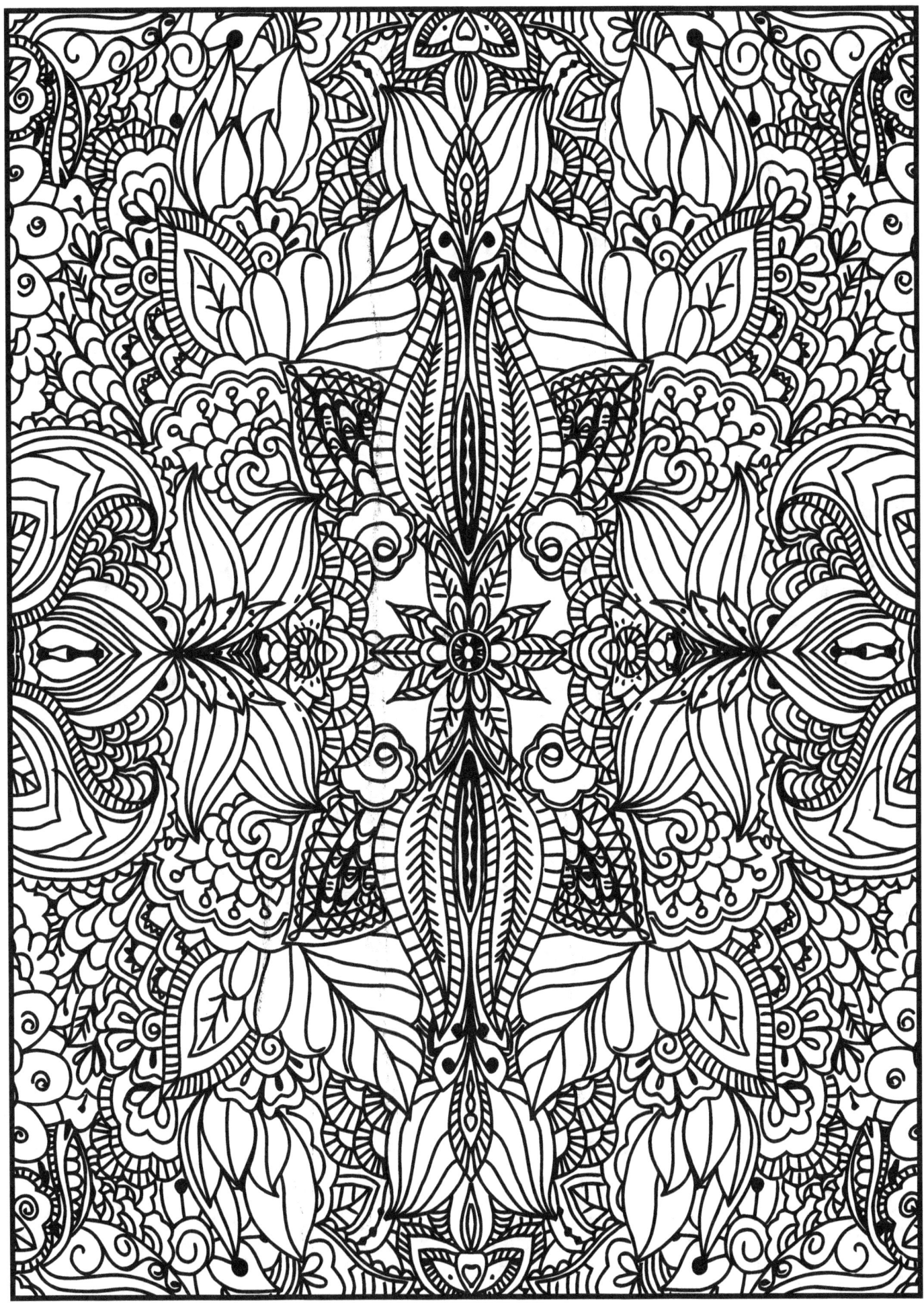

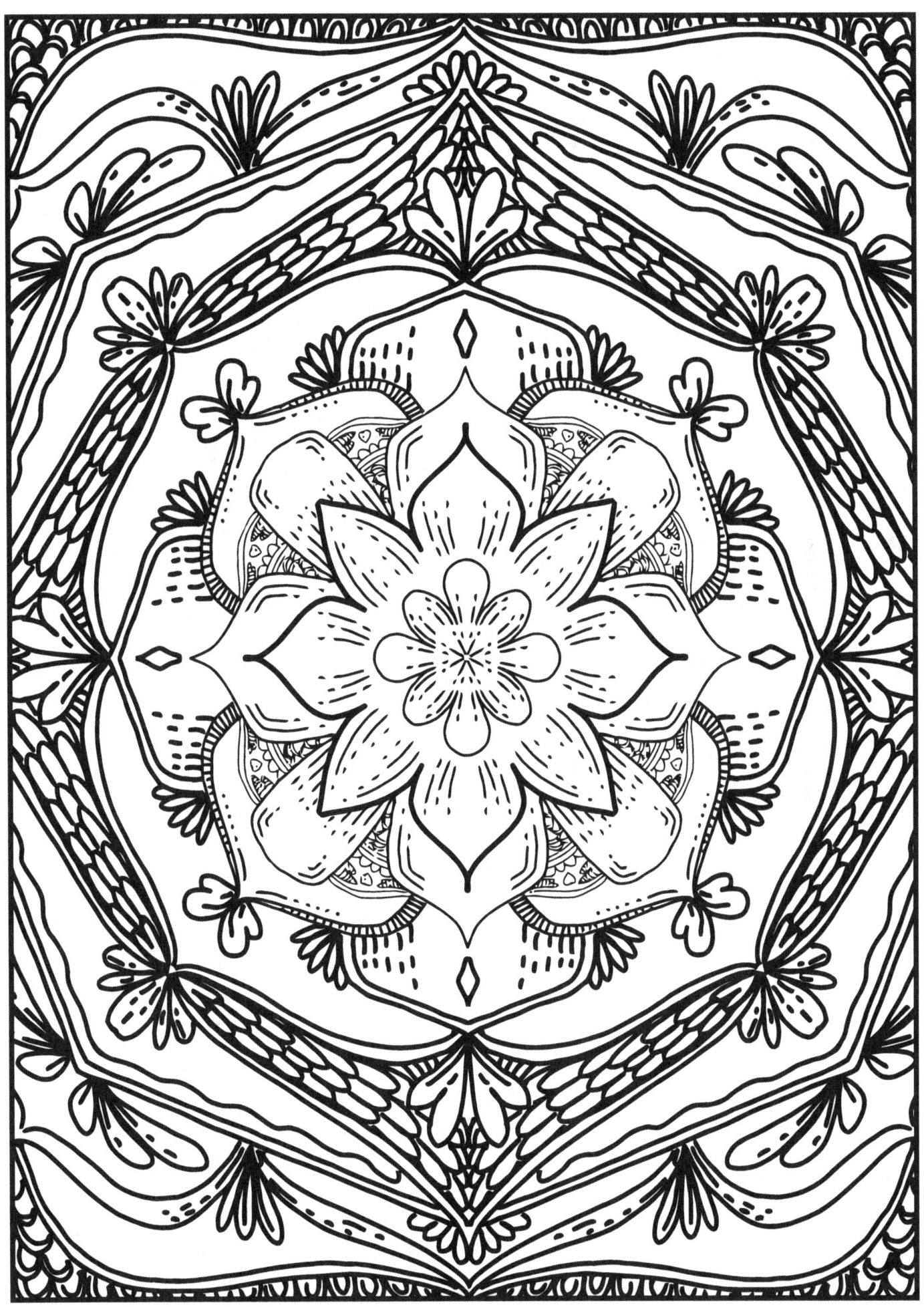

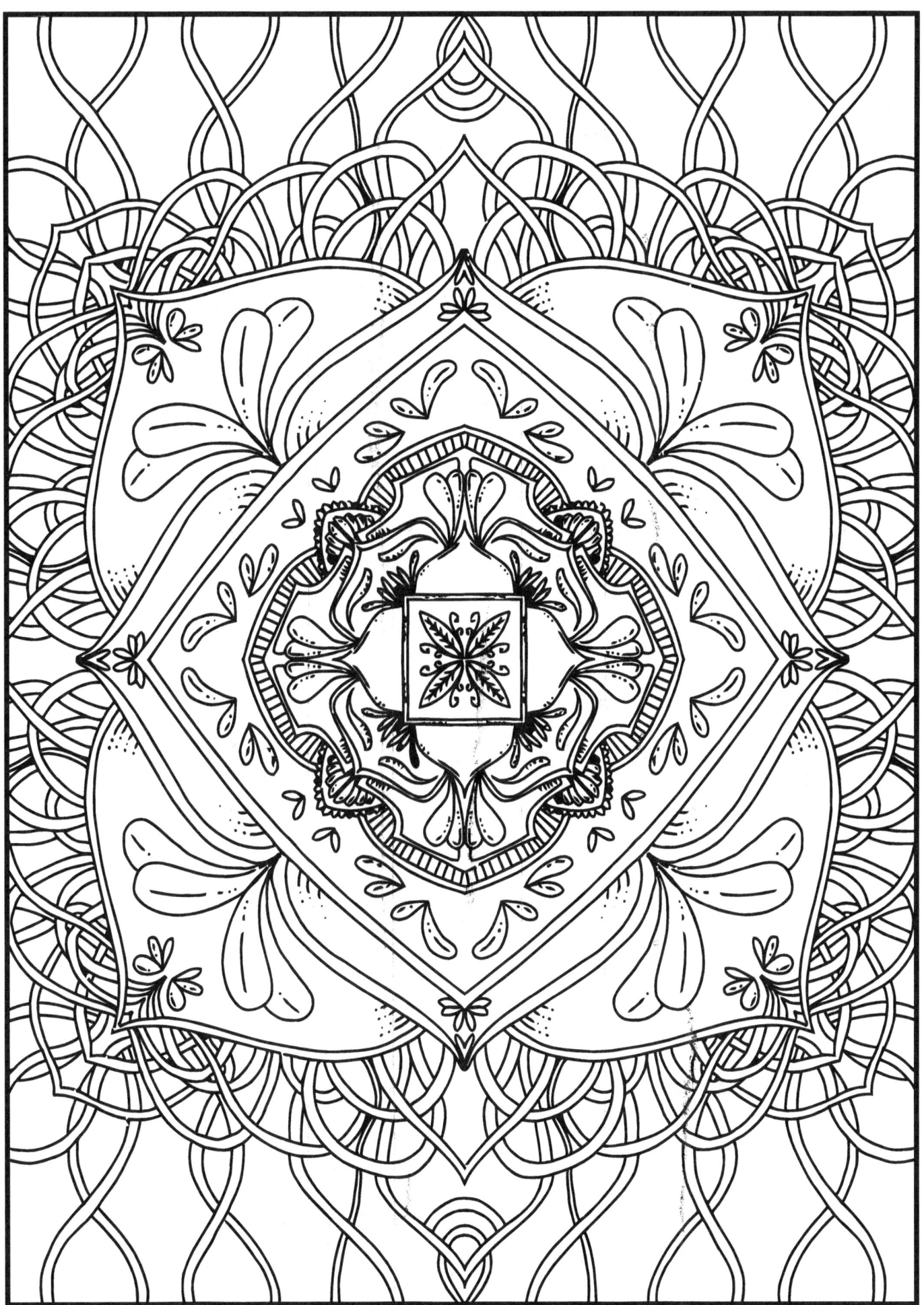

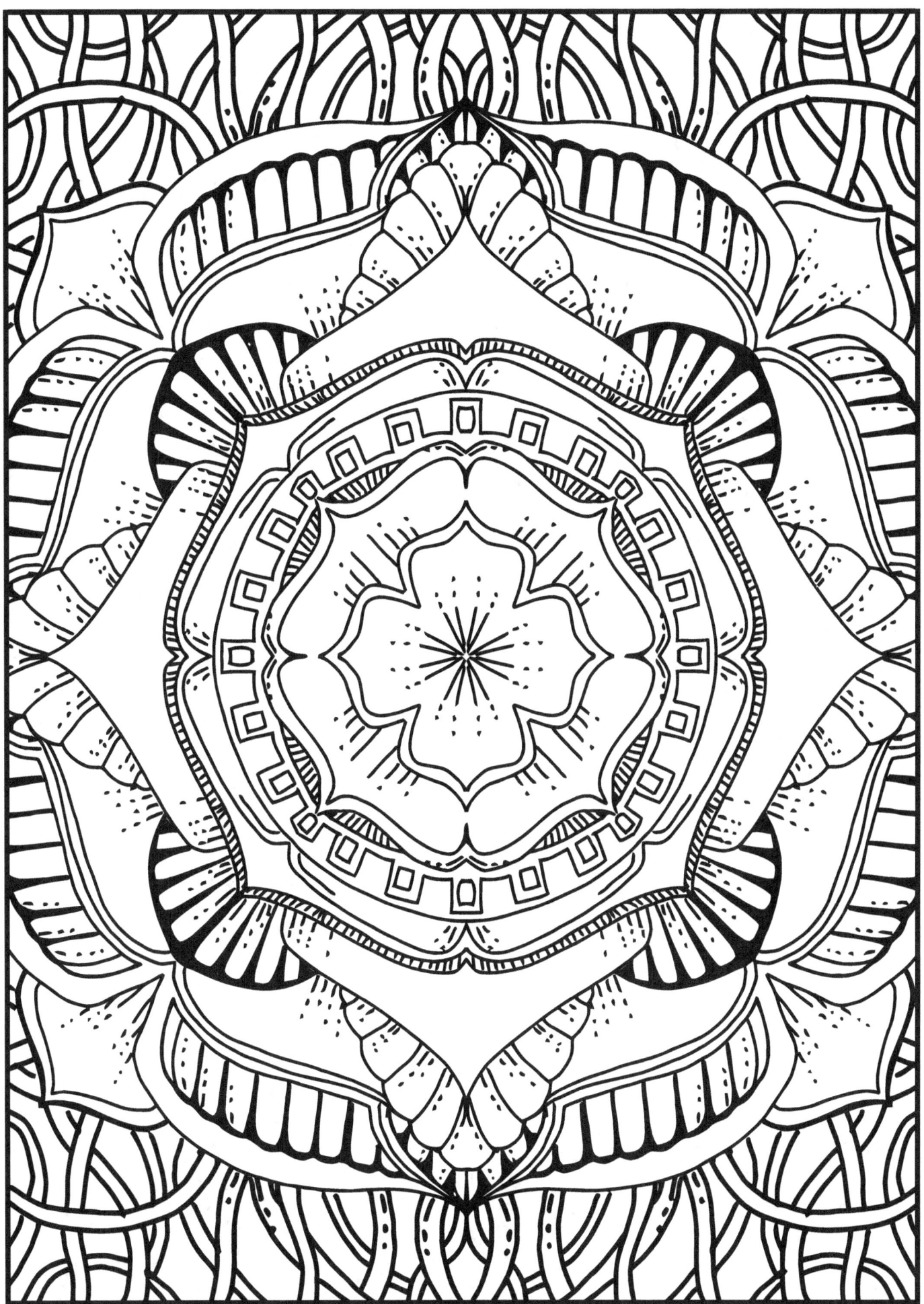

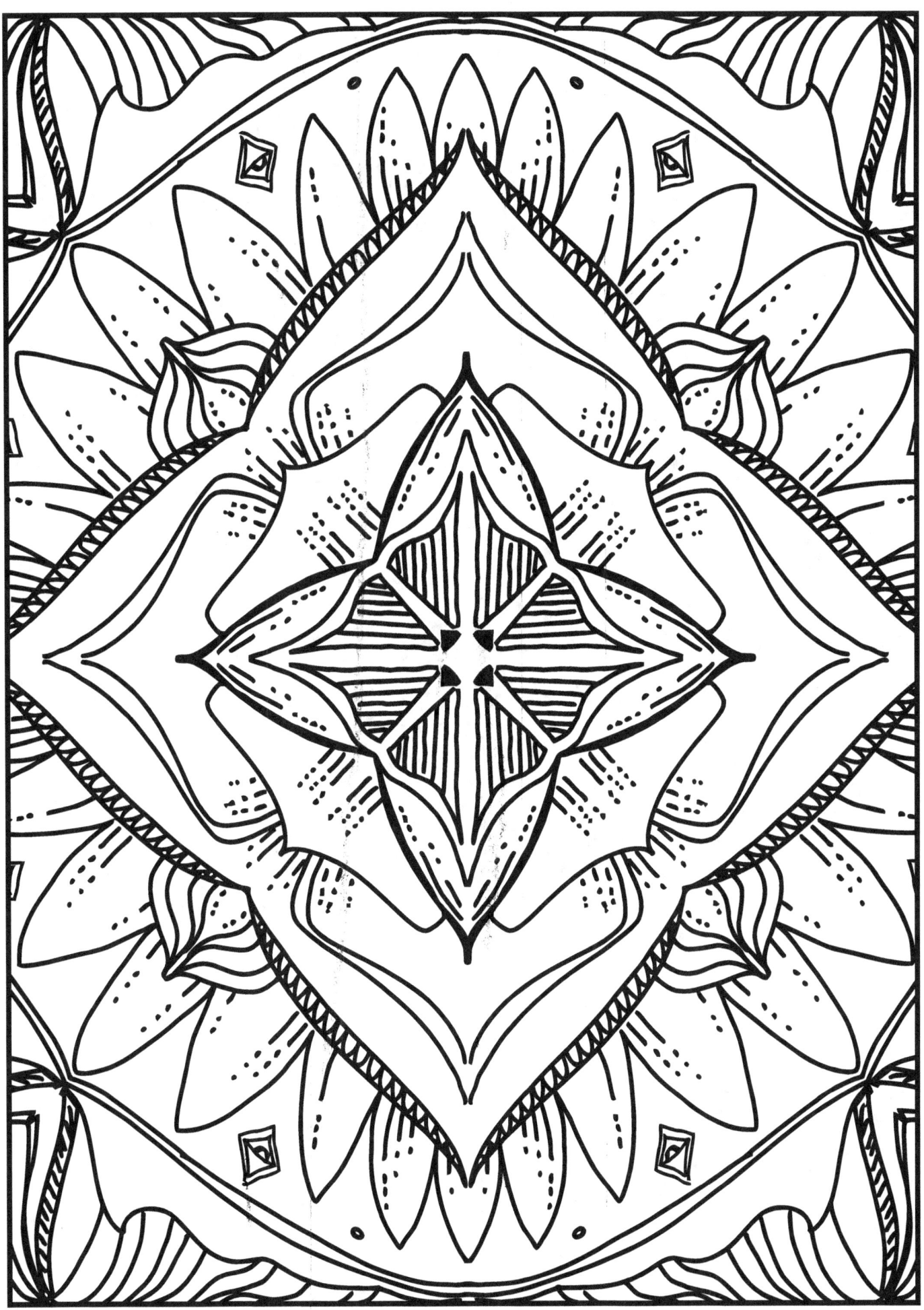

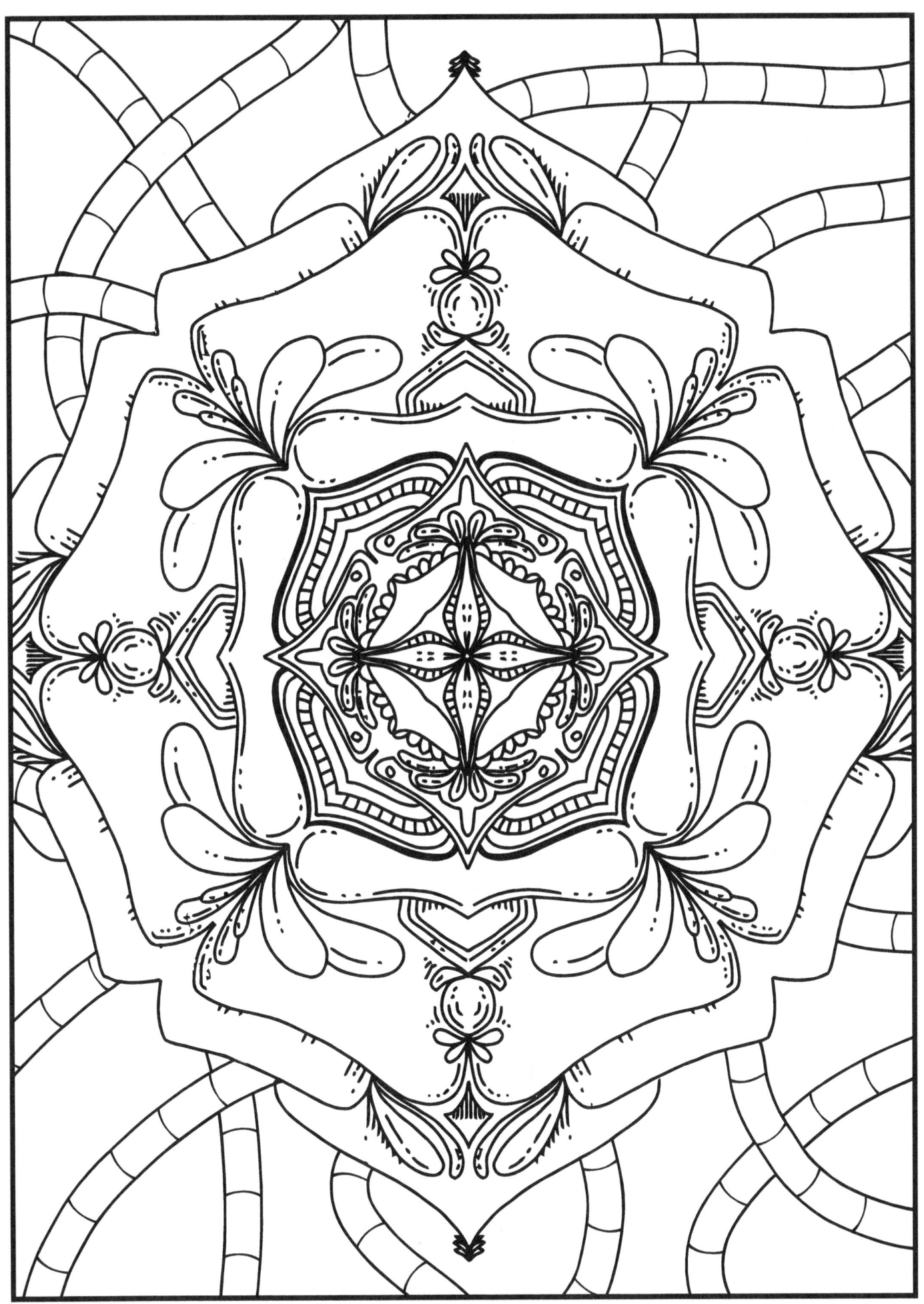

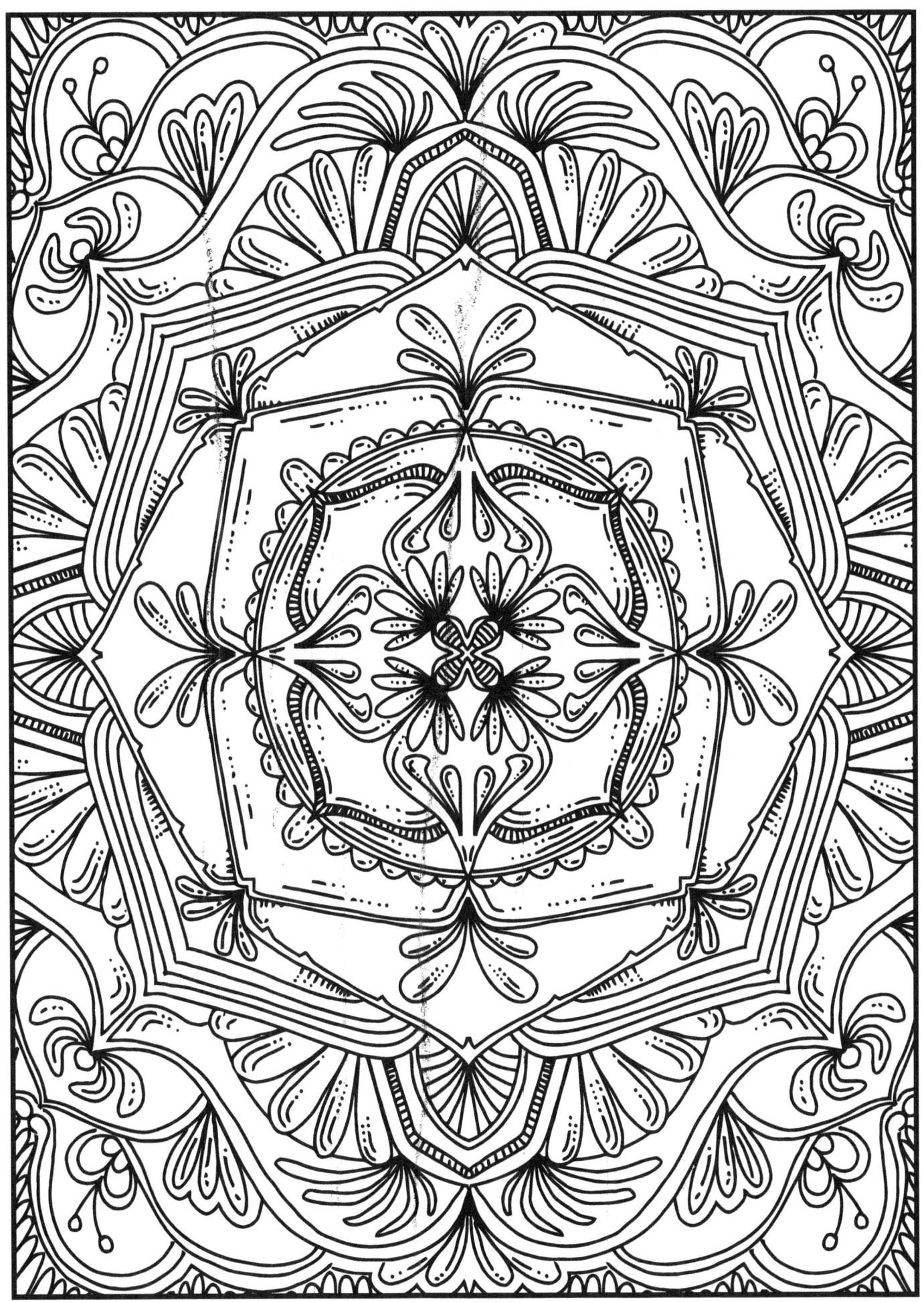

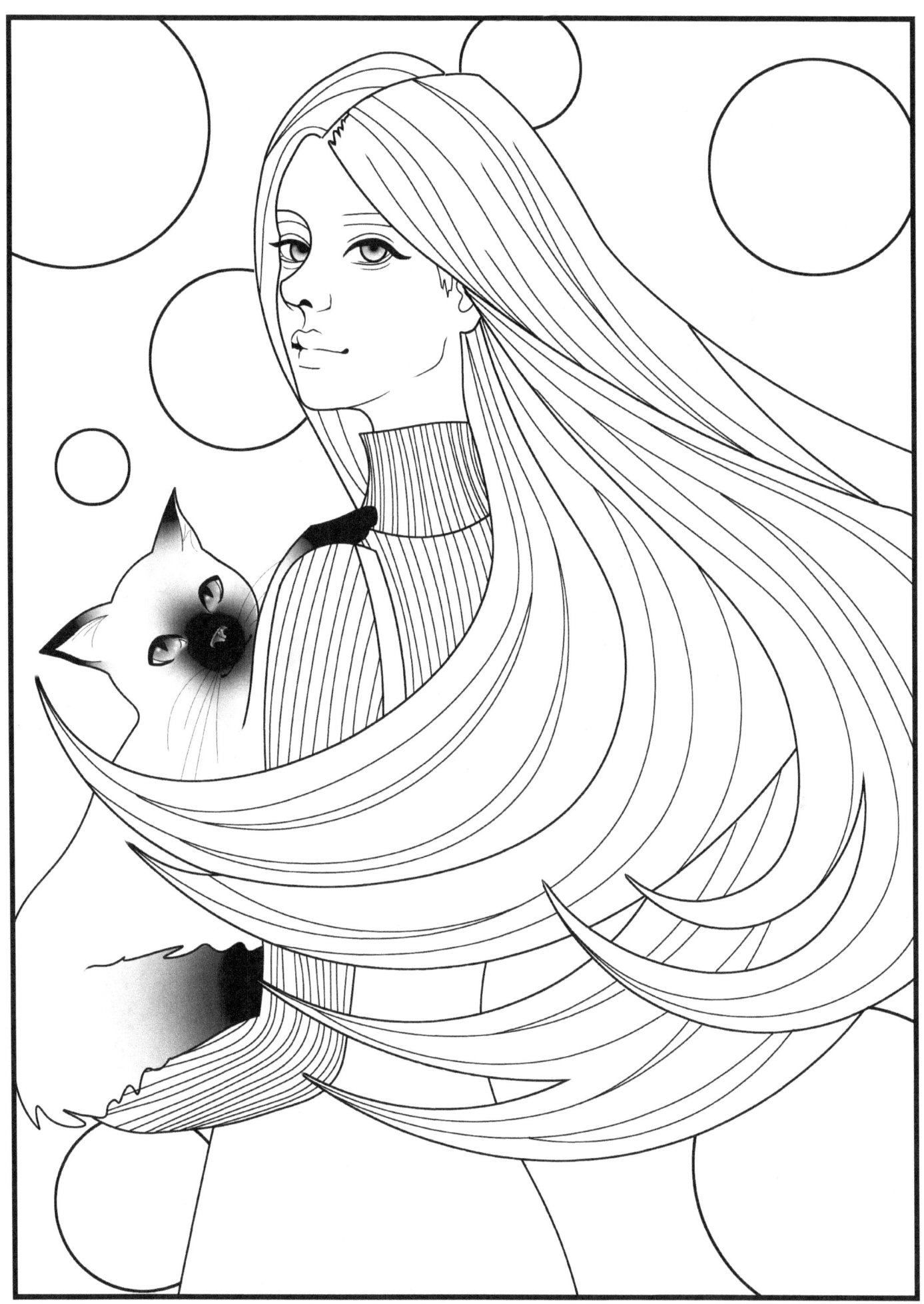

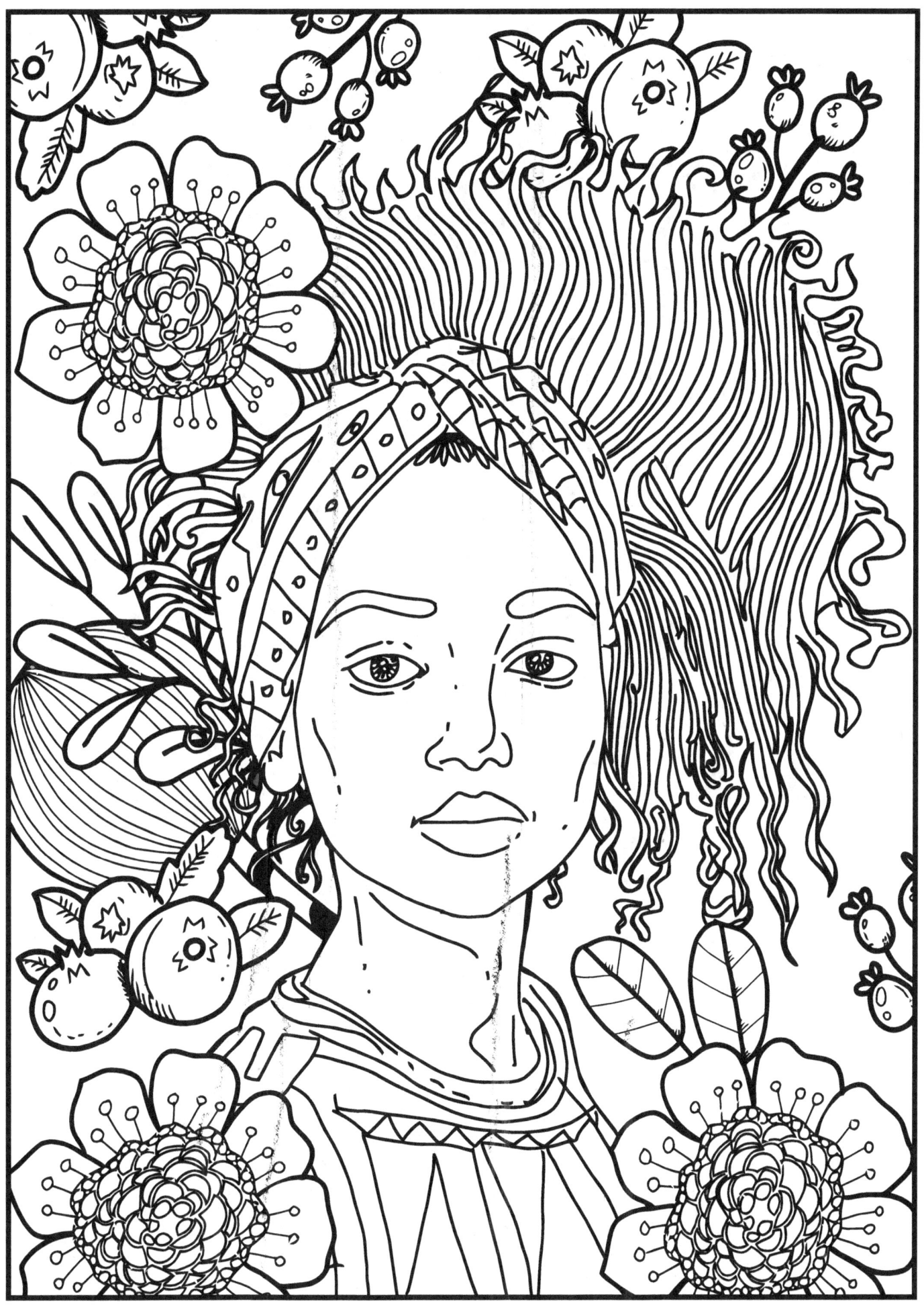

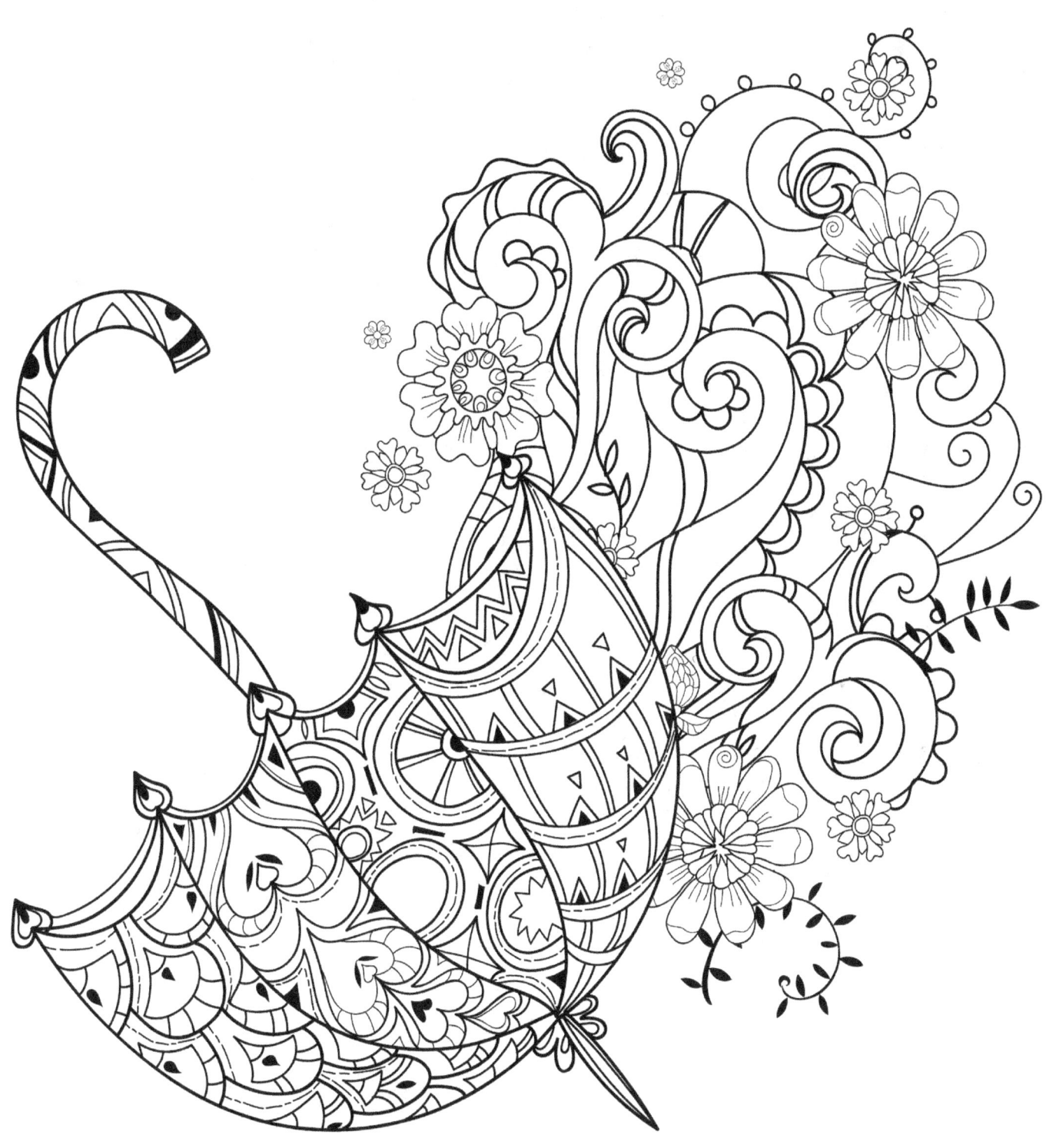

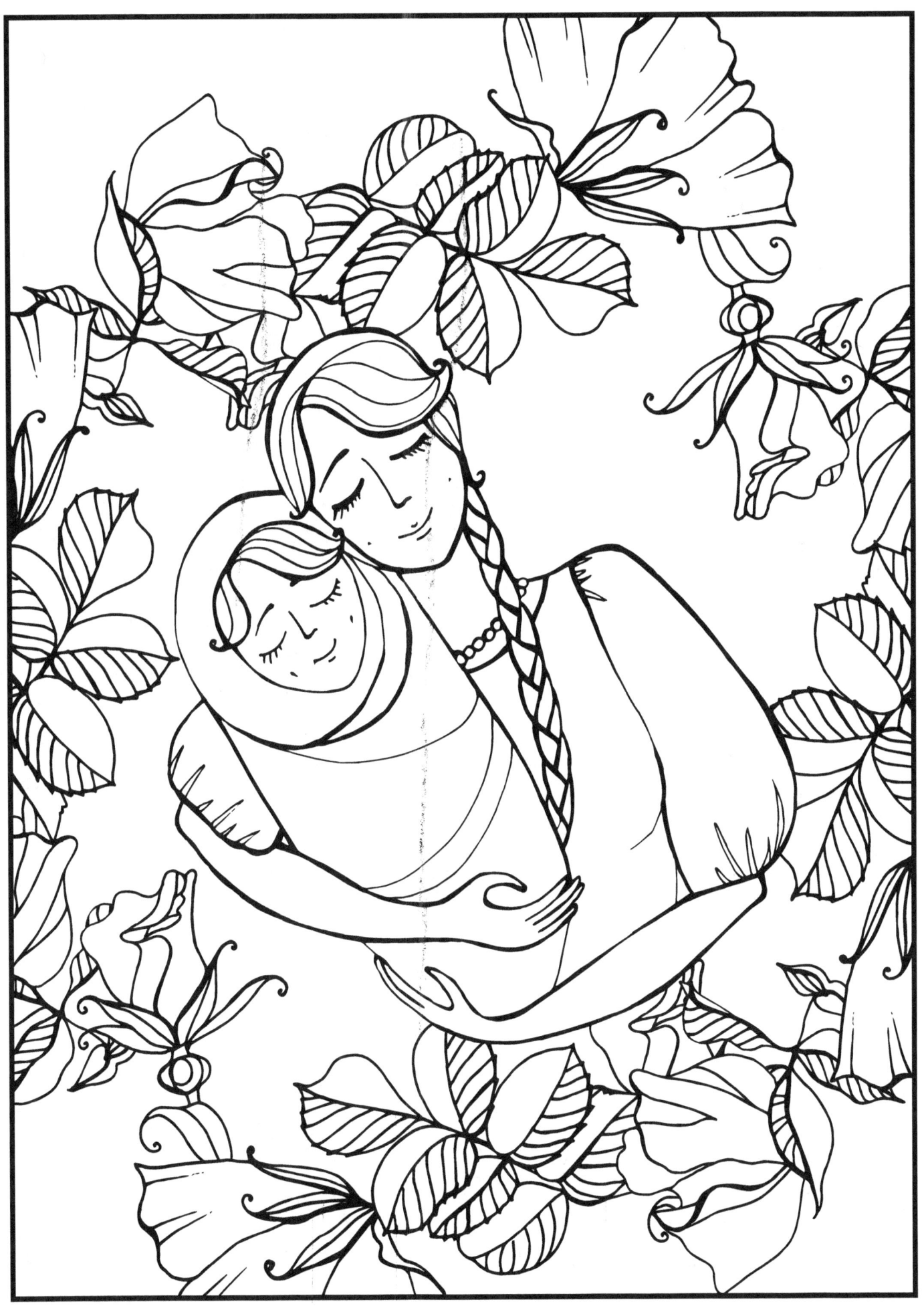

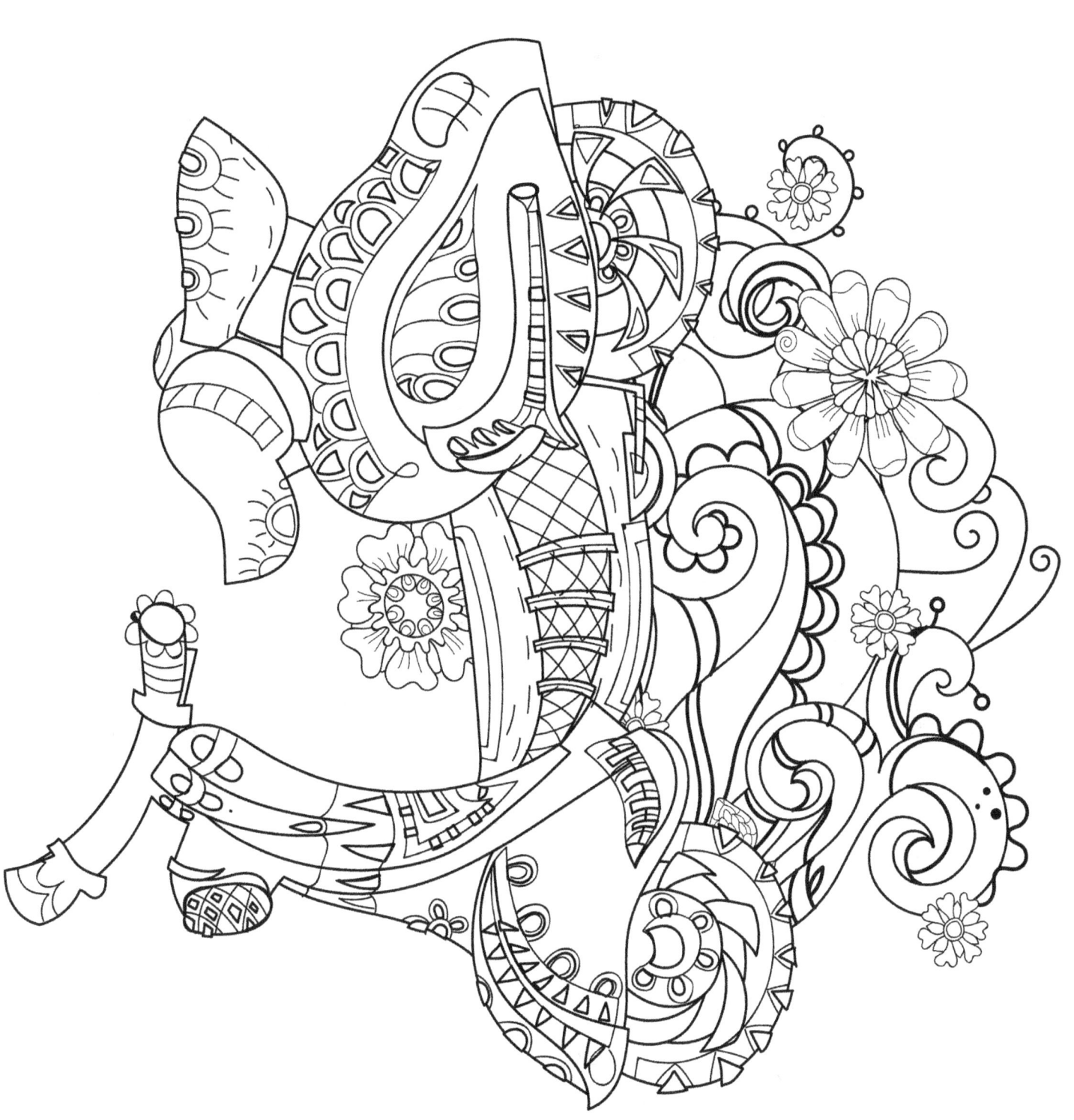

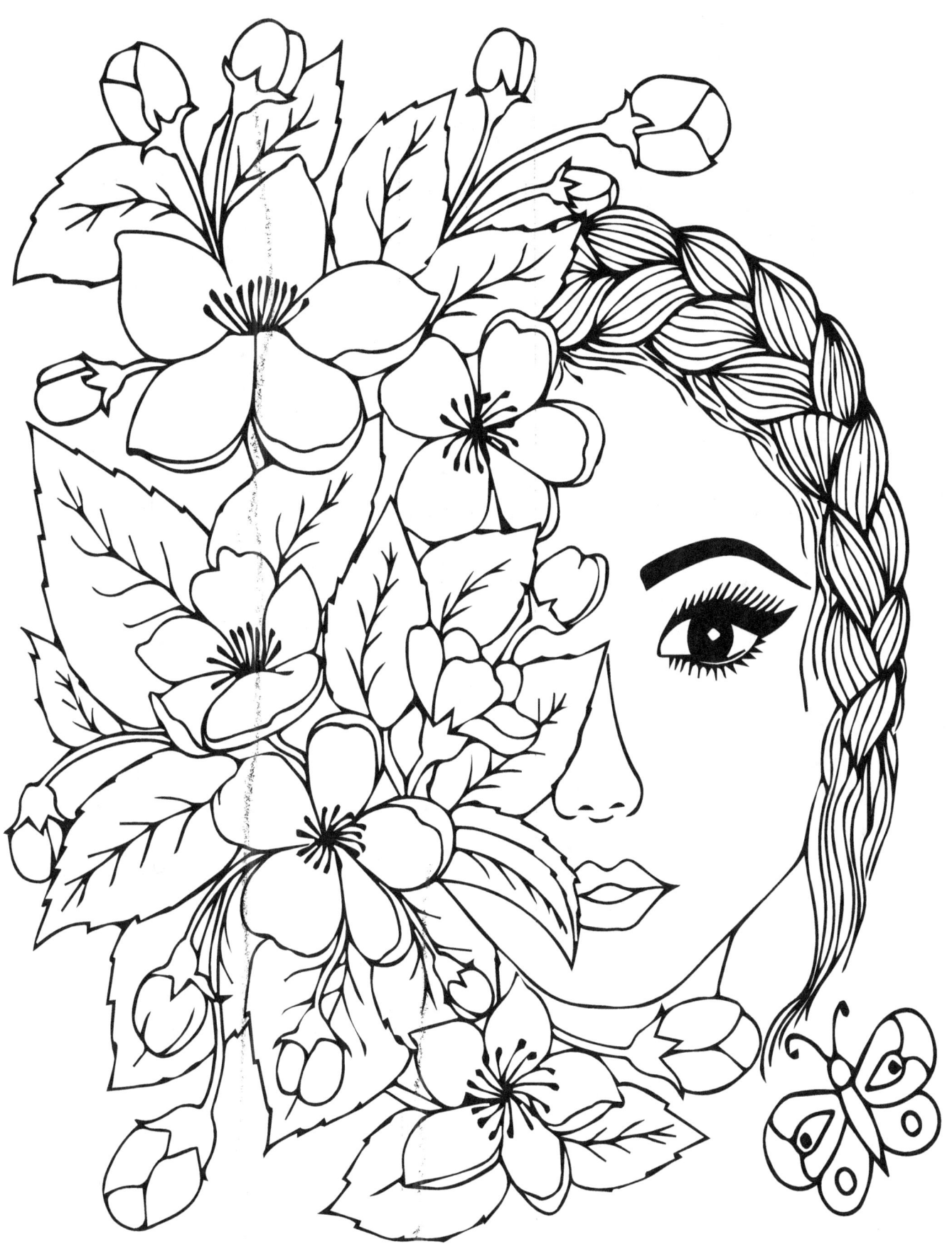

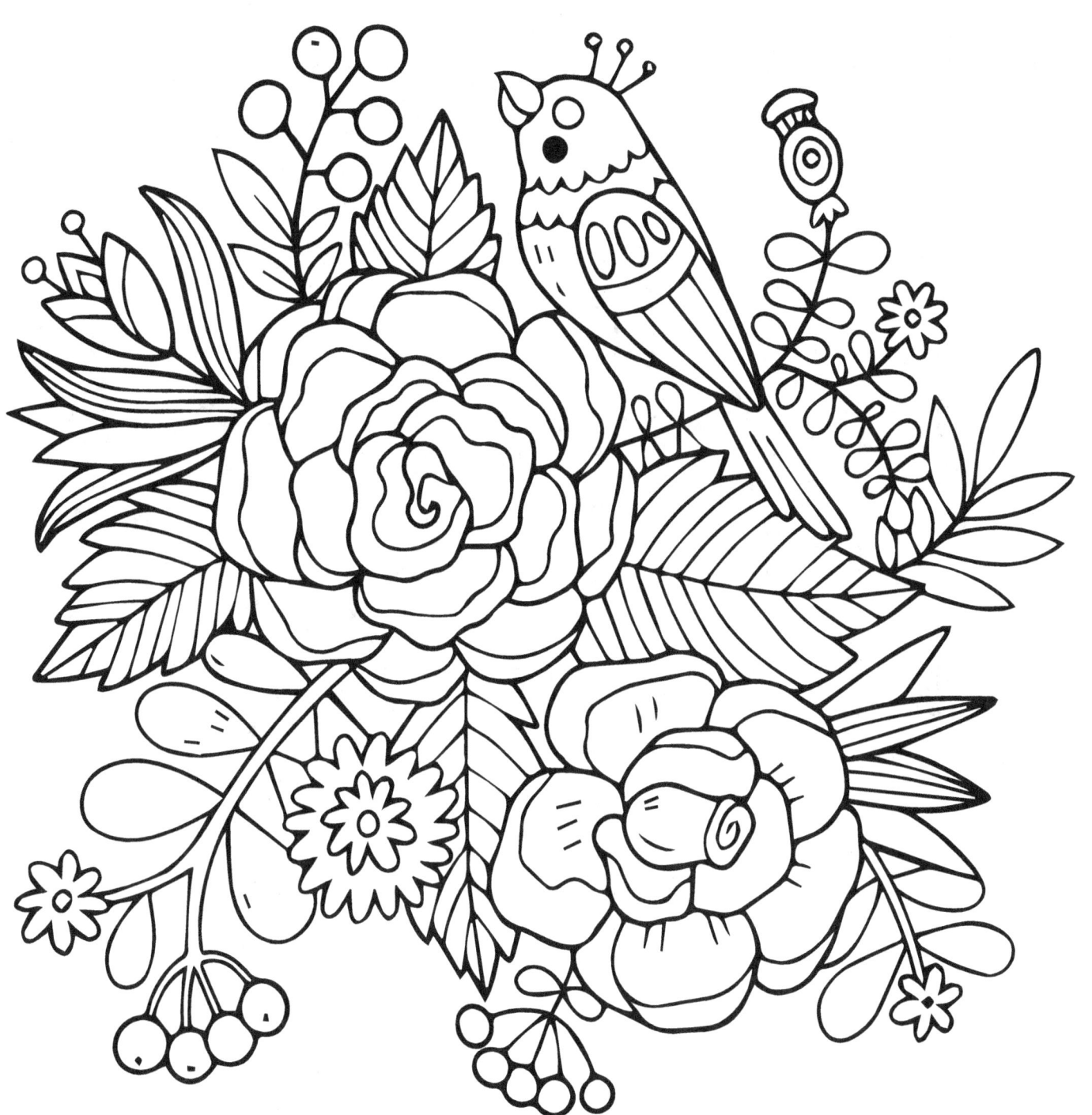

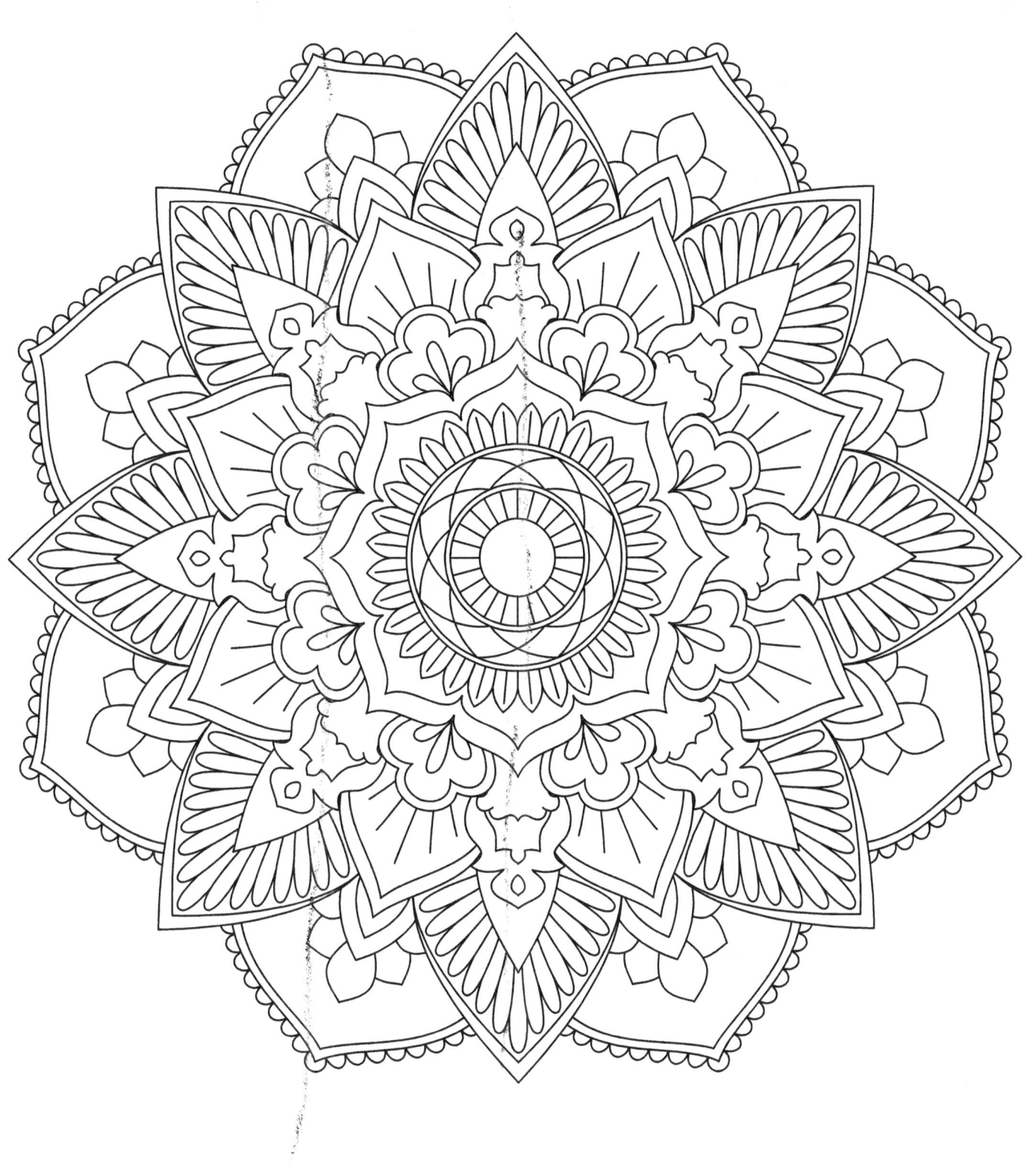

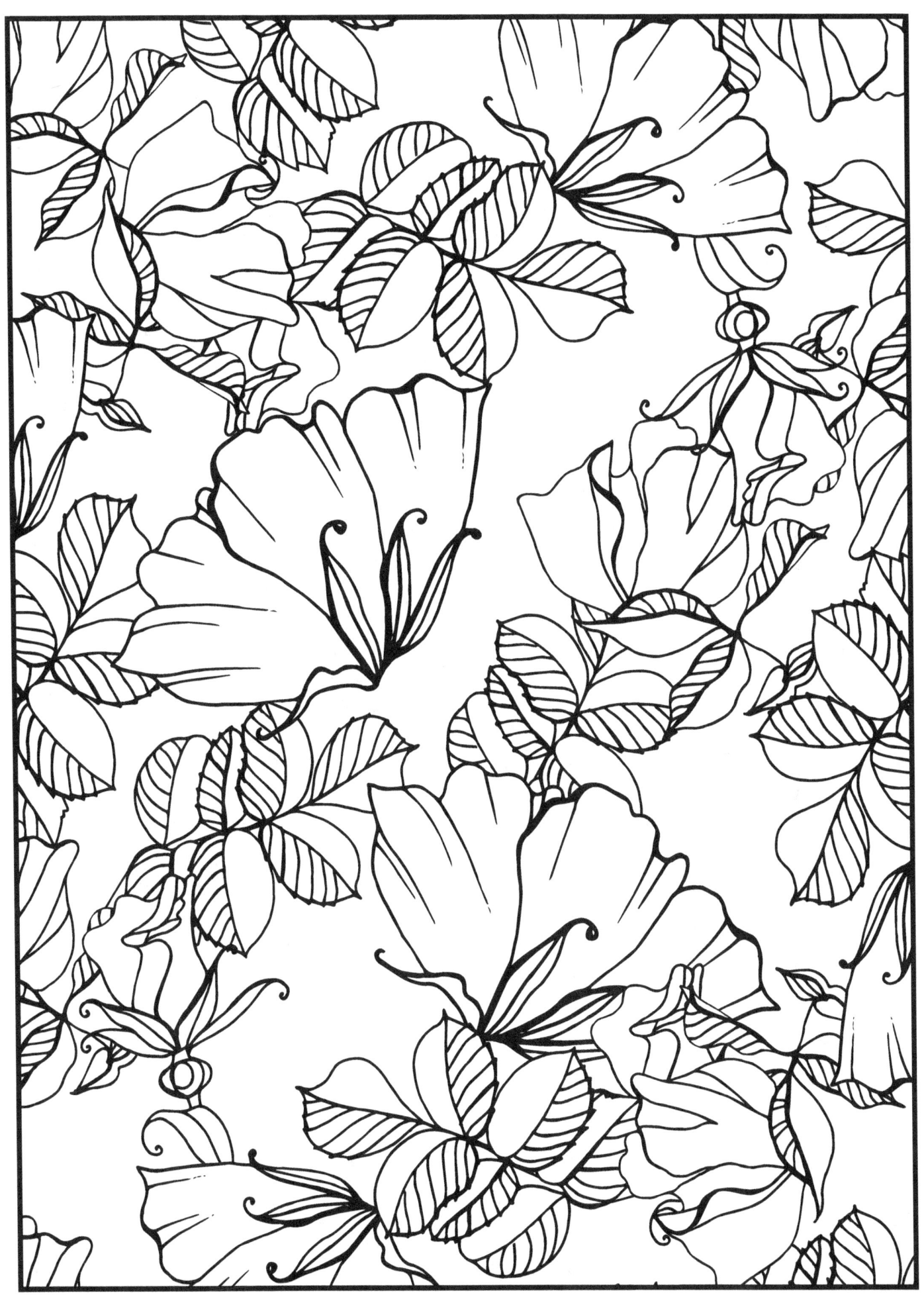

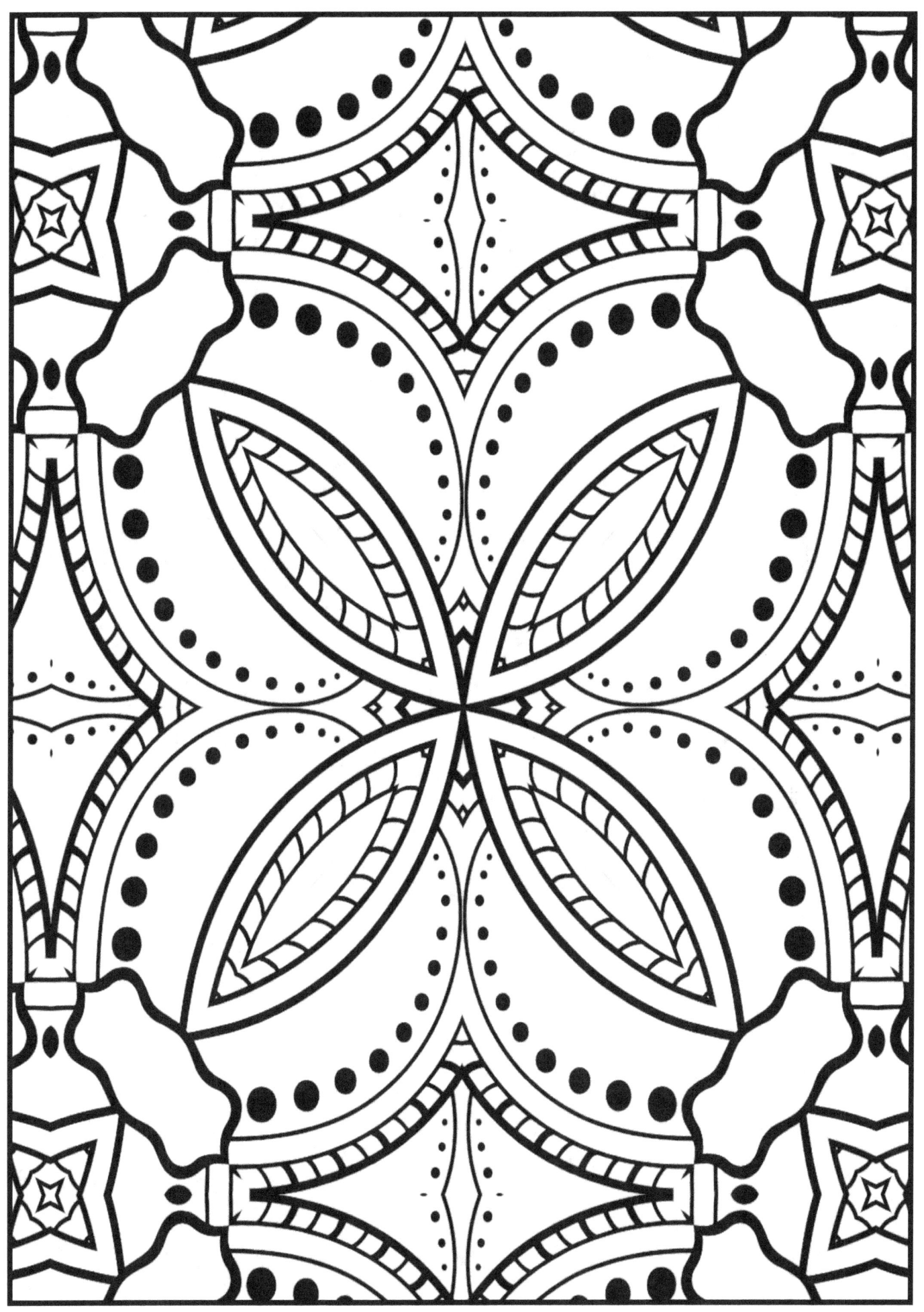

TI È PIACIUTO QUESTO LIBRO DA COLORARE?

Per favore lasciaci una **recensione su Amazon**!
Utilizzeremo il tuo feedback per creare libri sempre migliori!
Grazie mille! **Sei fantastico**!

VISITA IL NOSTRO SITO INTERNET
www.creativepaper.eu
E SCOPRI TUTTI I NOSTRI LIBRI!

Scansionami

www.ingramcontent.com/pod-product-compliance
Lightning Source LLC
Chambersburg PA
CBHW082017230526
45466CB00022B/2438